好口才系列丛书

汪启明　主编

演讲口才

巴蜀书社

图书在版编目(CIP)数据

演讲口才/汪启明主编.—成都:巴蜀书社,
2020.11(重印)
(好口才系列丛书)
ISBN 978－7－5531－1059－2

Ⅰ.①演… Ⅱ.①汪… Ⅲ.①演讲—语言艺术
Ⅳ.①H019

中国版本图书馆 CIP 数据核字(2018)第 210242 号

演讲口才

汪启明　主编

策划组稿	施　维	
责任编辑	肖　静	
出　　版	巴蜀书社	
	成都市槐树街2号　邮编:610031	
	总编室电话:(028)86259397	
网　　址	www.bsbook.com	
发　　行	巴蜀书社	
	发行科电话:(028)86259422　86259423	
经　　销	新华书店	
印　　刷	三河市同力彩印有限公司	
	电话:(0316)3531288	
版　　次	2018 年 10 月第 1 版	
印　　次	2020 年 11 月第 3 次印刷	
成品尺寸	152mm×215mm	
印　　张	17.25	
字　　数	345 千	
书　　号	ISBN 978－7－5531－1059－2	
定　　价	39.50 元	

本书若有印装质量问题,请与工厂联系调换

21 世纪是口才的世纪

　　跨入 21 世纪的第二个十年,职场竞争越来越激烈,生活节奏日益加快,活动空间越来越大,由此带来的人与人之间的交往也比过去任何时代都更频繁、更紧密。生活在这个时代的人们,无时无刻不在输入和输出信息。人际交流和沟通,已经成为每个人须臾不可或缺的阳光、空气和水。

　　"好风凭借力,送我上青云",人们在工作中交谈,在政治上辩论,在经济战场上驰骋,在生活中尽情地挥洒和展现自己的才华,离不开口才这个"好风",口才是现代人所必须具备的重要能力之一。从木桶理论考量,光是"酒好"还不行,满腹经纶而木讷寡言,很难在现代社会进退自如。从某种意义上说,口才可以决定一切。

　　口才是人走向社会、走向成功的通行证。戴尔·卡耐基说:

　　　　一个人的成功,约有15%取决于知识和技术,85%取决于人际沟通和口才等综合素质。

　　这个成功学的公式已经为大多数人所认可,而这举足轻重的85％,恰恰是很多人成功的绊脚石。这个比例虽然有些夸大,但俗话说"成败是说出来的,机遇是听出来的",并非空穴来风。

第二次世界大战后,西方一些人将舌头和原子弹、金钱并提,称之为征服世界的"三大威胁力量"。这里的舌头代表口才,原子弹代表科技水平,金钱代表经济基础。发展到当下,口才与美元、互联网也可视为人们在职场赖以生存和竞争的"三大战略武器"。

口才好不一定是人才,但要成为人才不能没有好口才。在日常生活中,我们随时都可以看到,那些能在各种场合充分展示自己才智、才学、才华的人,那些自然而然成为"意见领袖"的人,恰恰都思维敏捷、思路清晰、能言善辩、出口成章。拿破仑曾说过:"我们用语言来统治世界。"这里的语言不是一般的语言,而是口才。以政治人物为例,他们往往具有口才非凡的特点,像马克思、列宁、林肯、丘吉尔、罗斯福、戴高乐、孙中山、毛泽东、周恩来、鲁迅、闻一多等杰出人物都口才超群,留下了许多令后人反复传诵的佳话。可以说,没有良好的口才,就不可能成就这些伟大人物。今天,虽然有了大众媒介、移动终端、微信微博等传播工具,但口头表达能力的高低,还是决定一个人综合能力高低的极重要因素。

这套《好口才系列丛书》,分为处世、社交、演讲、幽默、机智、辩论六个方面。它们有共性,又各有其特点。共性如都要表达自己的思维和观点,要掌握丰富的语言词汇,语言具备严密的逻辑结构,要有一定的节奏和语气。不同之处如演讲就需要话语的形象感,并让这些形象在听众的脑海中流淌,深深地影响听众,如电视片"动物世界"中的台词:"夕阳西下的非洲大草原,富饶辽阔美丽多姿,碧绿的青草散发着迷人的幽香,各种动物在尽情地奔跑着,跳跃着,一切都显得那么生机勃勃。"没有形象感的讲话,很难在演讲中吸引听众。其他如处世口才、社交口才、幽默口才、机智口才、辩论口才,亦各具特点,读者可以通过阅读本书学习并掌握其要诀。

为了从青少年时期就开始培养良好的口才,我们组织一些作者,编写了这套《好口才系列丛书》。口才类书既可结合语言学、信息科学、传播学、心理学等学科理论写得很深奥,也可以写成一部以理论为主的教材,还可以结合实际的例子写成通俗读物,而这套丛书属于第三类,可以作为课程教学的课外读物,对培养好口才具有助益。书稿的编写,由众多作者完成,我看过全书稿件,提了些修改意见。由于出于众手,错误之处敬请谅解,写作参考了大量国内外同类著作,在此一并谢过。

汪启明

2013 年 10 月于成都空中港湾寓所

21世纪是口才的世纪

目　　录

目
录

如何成为演讲专家

世间只有一种成就可以使人很快地完成一种事业,并迅速被世人所认识,那就是——令人喜悦的说话能力。

说话与演讲

言语是人生不可缺少的一种传达感情的工具。善于说话,小则可以欢乐,大则可以兴国;不善说话呢? 小则招怨,大则亡国。虽然每个人都知道说话,但话说得好的人却不多,因为说话并不见得比写文章容易,文章写好了可以修改,而一句话说出来了,要想修改是比较困难的。我们也常感觉到,会说话的人,能叫你眉飞色舞;不会说话的人,则教你头昏脑胀,即使是同一个意思,甚至一句话。由此,我们可知言语是一种技能的东西。知识,必须多读书报,才能使你增进;技能,更必须多加练习,才能成功。

当你与人说话时,拉长了面孔不好,嬉皮笑脸也不行,最好能够在庄严之中带些轻松的话,以免除或太拘束与太庄严的弊端。说话还须乖巧,观察对方言语与态度之反应,否则你将不会和他人谈得投机。

为了要给人家留一个好的印象,我们说话时要注意面部的表情、服装的整洁、举止的端庄。我们说话时,面部表情的态度是温和的,那就等于蜜;反之,态度傲慢,或是面带训示,那就是毒汁了。

说话的素养是需要我们平时就细心培养的。我们可以赞美人家,但不可无故批评人家,我们可用诚恳的态度去规劝,但不可用命令似的语气去训斥;因为没有人爱听命令。最好我们是少说话:言多必失,多言多失。会捉耗子的猫不叫;蛤蟆一晚叫到天亮,不会引人注意;公鸡啼了一声,大家都起身工作。这些都是告诉我们不要多说话。

演讲也是说话,不过演讲是一个人说,许多人听。我们常见到许多演说家,言词是那么清晰流利,表情是那么的感人;那即是演说者知识与技能的表现。我们也常见到许多有学问的人,当他走上台,即变得面红耳赤,两腿打颤,嘴巴里说不出话来。这足以证明演说不是有学问就够了,而是要下苦功练习的。

演说乃是以诚实自然的态度,用词句、声调、姿态、材料作工具,把思想输入听众的脑海里,使他们有一种与演说者同样的情绪,其目的即是要引起听众情绪上的反应,愿意照着演说者所命令或劝导他们的话去做。

发音、姿态、结构、思想四者,为演说最主要的元素。先就发音来说,声音的变化无穷,坚定从容的声音,可以使人奋发;柔和清脆的声音,可以使人愉快;低缓忧郁的声音,可以使人悲哀;粗沙燥进的声音,可以使人发怒。在姿态方面,不要忸怩的解开或扣上你的衣钮或摩擦你的双手。身体必须保持正直,两手最好是自然地垂在两侧,用手的姿势时,第一要简单,第二要适宜,第三要时常变换。如手掌向上表示赞美,手掌向下表示反对,手指伸出表示数目,握拳则表示剧烈的情绪等。

说到结构,最普通的结构方式,是将一篇演讲分作引言、正文、结论三部分;但最要紧的是优美的开头与佳妙的结尾。开头不必说上很多的谦虚话。结尾,你可以引人发笑,可以给听众一种诚恳的赞美语,可以简洁地总结一下你所说过的各要点,可以请听众照你说的去实行,或引一段恰当的诗文。总之恰到好处即应停止,再说就会使人生厌了。

思想最为重要,我们演说要有自己的思想,不要偷取人家的,抄袭人家的文章,整篇全幅地重演出来。如演说者有新颖、不同凡俗之具体化的思想,是会引起听众兴趣的。但你必须注意到听众是何等样人,何等程度。除适合听众的程度和听众的需要外,同时更须注意到怎样才能使听众更容易了解而产生兴趣,以免恶意地鼓掌或嘘声。

演说最好是用很通俗的话讲出来,并多用比喻,要使听者事后也都能将意思说出来。演说的开始要温和一些,你说到什么就表现什么神情,庄严的话,庄严的表情;悲苦的话,悲苦的表情;悲壮的话,悲壮的表情;内心的表演如果得当,真是颊上添毫,大有声色。音调在演说更属重要,唱歌为什么好听呢? 因为声音有着轻重快慢的变更之缘故,演说虽不必像唱歌,但也不能平静得像死水缓和。当你演说时,如多是高而刺耳的声音,这时你可以立即停止几秒钟,则对语调大有帮助。

演讲要想引起听众的注意,最要紧是靠热情,说得句句有力,绝对不要讲那些"好像""也许""说不定""大概""或许是"等不确定的字样,更不要讲"就是""这个""那个""那么"许多的口头禅,习久不改,不但耗费时间,且容易使人烦厌。

说到预备演讲的题材,必须比要讲的多数倍,你可以把所得到的材料加以逻辑分析,再借题发挥,自然就可以制出一整套东西来。

善于演讲的人,并不一定善于谈话,而善于谈话的人,必然善于演讲;说得简单一点,演讲是单方面的,谈话却是双方面的,甚至是全方面,喜欢演讲还要善于听,自己所要说的话,也不能跟演讲一样,事先准备,照讲无误,要随机应变。

再强调一次,请记得在演讲时,你的思想中心沿着一条线发展,不停地讲自己单方面的意见。在谈话时,你的思想要沿着两条线,一条是你自己的,一条是对方的。一方面,你自己当然要有你自己的立场、态度和推理的方法;另一方面,你还要懂得对方的立场、态度和推理的方法。如果你谈话的对象,不只一个人,那么,你的工作就更为复杂,你所要顾到的对象也就更多,因为每个人的思想、嗜好和推测都是不同的。

谁要是能把许多人的意见组织起来,使各式各样的意见能互相沟通,互相补充,谁就是一个出色的谈话者。

演讲的要诀

在会场上演讲,有两个基本的要诀,一个是自信与勇气,一个是在众人面前从容清晰之思索能力。关于这两项能力的获得,并非如一般所想的那样困难,因为这些条件并不是先天的赋予,那就像踢球运动一样的能力,任何人都具有这种能力才干,只要他有那种欲望。那么是否有一个理由,就是说当你直立在众人的面前之时,便不能有你坐着时的思想呢?当然,你知道并无此事。事实上,你应当在面对着众人时更能有思想。他们在场,理应鼓舞提高你。一群听众在场正是对你的刺激,有一种灵感,促使我们脑子更清楚锐敏。在这个时候,意见、事实、理想,似乎为我们以前所未有,皆出现于脑海,使我们不得不逐一表达出来。这些正是我的经验,大约也将会是你的。

有一个很出名的学者有一段名言,说得很好,值得我们牢记勿忘,如果一般人在平日都能照这段话去做,那他的生活,定将愉快而顺利许多了——当你出门时,碰着朋友,含笑向他打个招呼,和人家握手时要精神饱满,不要怕被人误解,不要浪费一分钟的光阴去想你的仇人,做事必须打定主意,不要常常改变方向,一直向着你的目标前进。把你的心,完全放在你所希望的光明而伟大的事情上。如果你照这样去做,日子一久你自然会知道你已经在无意之中抓住了完成欲望的机会了,正像珊瑚虫一样,从急湍的潮水当中,吸取了它所需要的物质。你的心中必须有一个模范人物,当你做事有了楷模,这样一来,你的思想,就会不觉地跟着渐渐改善,成为你所崇拜的人物那样的人。思想是最有力量的,你必须保持正能量的心理状况——勇敢、坦白,愉快地去用你的脑子。一切事情,都是从欲望中来的,你有虔诚的祈求,就可得到满意的答复。

很多大演讲家,当他们最先在会场上演讲时,都会被难解的不自在及惧怕的心情所苦,后来经过艰苦训练,把这种痛苦的心情减除了。美国大演讲家詹宁斯,他自己曾经承认在他第一次尝试时,两个膝盖颤抖得碰在一起;美国幽默天才文人马克·吐温说他第一次在会场上演讲时,觉得满嘴像塞满了棉花,脉搏跳得像在争赛跑银杯。葛莱特将军占领了维克斯堡,完成了世界军队最大的胜利,当他试着对大众演讲的时候,他自认感觉着像是得了脊髓病。英国大政治家路易·乔治自己说过,第一次试着作公开在会场上演说时,直陷于苦楚之境,他的舌头抵在嘴的上腭,而且竟然说不出一个字。还有世界上许多著名的演说家,他们第一次在会场上演讲都是失败的,这跟演员们第一次登台表演有相同之处。

林肯伙伴胡思登曾说过林肯开始在会场上演说时也有一种畏惧、惶恐、忙乱,不久他获得了镇静、热忱与真挚,于是他真正口才便开始展示了。罗斯福说:每一个新手,常常都有一种心慌病。心慌病并不是胆小,乃是一种过度的神经刺激。一个人初次立在群众的面前讲话,正像突然的见到一只牡鹿,或是首次走上战场。这种人所需要的,不是勇气而是冷静的头脑。这是可以从练习上得来的,他必须要用习惯和反复的练习来克服他自己,使他的脑子可以完全受他的统治。如果他具有适当的才能,那么,他多多练习,便能增强能力。所以,练习必须要有恒心,不可推辞懈怠,如此便可以消除对听众的恐惧心理了。

演说的技巧

演说是一件很困难的事,当演说人讲话的时候,有很多眼睛都集中在演说人身上,一举一动,一言一笑,将为这些人所瞩目,以致有很多演说人,都有些惴惴不安,无论是谁,第一次在众人面前演说时,总是觉得面红、心跳、局促,说话声音也不自然。为了要解决这项困难,人们都在演说以前,花费一番准备工夫。怎么样准备呢?

准备不是把一些没有错的词句完全写出来,或是完全熟读牢记,也不是把一切不大足以表现出你自己的偶然思想堆积起来。老实说,准备只不过是聚集你的意见、信念和努力。这些本来是你平时所有的。当你醒着之时,它们都在你的心灵中,你睡熟了,也许它们会爬入你的梦境中。所以预备演说是思想、考虑、回忆,选择你认为最有兴趣的加以整合,改造成一种新东西出现在听众面前。所以预备演说,并不是困难的事,你只需把思想集中在某一种目的上就行了。

题材的选取是一个主要问题,就是说你应当说些什么,凡属于你所感兴趣的,都可以选。把关于题材的一切问题先问问自己。譬如你要用演说的学习做题材,那么你可以想许多有关演说的问题:①你感到演说有什么困难? ②你预备学习演说的目的是什么? ③你有没有演说的经验? ④你在演说时产生了什么问题或效果? ⑤一个人有了演说的技能,对于事业有什么帮助? ⑥你觉得许多有演说技能的人,他们成功的因素在哪里? 这些问题,都是你的好材料,你一项项地说下去就行了!

不过你对于题材的选择,应注意下列的原则:①积极性、时效性,人们都是喜欢光明这一面的;②无论学术、政治、社会的题材,应该注意的是建设,而不是单纯破坏的;③必须乐观,而不是悲观的;④适合于自己演说的身份和听众的需要;⑤题材的感动性,包括新奇、有趣味,有吸引听众的潜在力。

在聚集了许多思想或可以叙述的材料之后,怎样能把这材料有系统的吐出来呢? 没有计划的造屋,不是头脑清醒的人所干的工作。你当然不能在没有网络或程序时,就开始你的演说。一篇演说,等于一段有目的的航程,非有航行的路线图表不可,这就是材料排列的重要性。那么材料要如何排列呢?

关于排列的方法,下面的几条原则,可供给你参考应用:①说明题目的原委;②利益的陈述;③弊害的提醒;④实行的方法;⑤结论。

譬如我们讲增进工作效率这个题材,那么可以依照下列的程序来讲述:①效率的意义;②增进工作效率是不是必要;③如何才能增进工作效率;④增进工作效率的实际方法;⑤对于听众的希望。

演说的成功或失败，是依赖于自己决定的。其最重要的是毅力。在演说的练习期间，常常会感到一种进步，或是停止，甚至一种退步，这种心理上的现象是不可能避免的。但是你尽可不必理会这些，你应该拿出毅力，无论怎样，你总可以获得成功。许多演说人在演说时，觉得有一种说不出的恐惧，虽然接连演说了许多次，但还是有些战战兢兢。这种种困难，只要你有毅力，就可以克服。

其次是你的决心，你凭着决心，任何阻碍都能够战胜。再其次是你的勇气，有勇气的人，无论做什么事，都可以得到胜利。

你演说的时候，最先给听众们印象要深刻，使听众的脑海中留着一个值得赞美的好印象，自然能够吸引住听众了。所以你应在礼貌上加以注意，这礼貌也是代表你的品性表现，倘若粗暴无礼，使听众有不良的成见先入于脑海中时，多少将影响你说话的效能。服装整洁是礼貌中的一部分，服装不宜过于奢华，因为奢华是可以使人存着不良的观念，头发梳得整齐，面部修得清洁，这样才能使听众一见你，就觉得你是个庄严朴实的人。

有许多演说者，常在演说开始时频频地咳嗽、摇头摆体，这种可憎的态度，不是因为故意做作，便是因为预备得不充分，而掩饰自己的一种行为，可是这种行为，只有引人憎厌，使人难堪。有些人说到两句话，便唾沫四溅，任意吐唾，这种恶习，应当革除。又在演说开始之时，说一大套道歉客气的虚文是可笑幼稚的。听众既然是在听你的演说，那么你说一大套的废话，只有花费宝贵时间，倘若你真因没有预备而要求大家原谅，那更是空想的。所以你开始就得说到正文，而且一定可以抓住听众的心。

在演说的时候，演说人常常有一些不良习惯，这些不良习惯,不但分散听众的注意力,而且引起他们的厌倦。因此,①无论四周发生什么事情,演说人切勿举首回顾,或把眼光转去注意那里;②不要常看钟表;③有人进场,也勿中途停止;④听众中途退场时,你必须依旧保持原状;⑤遇到观众鼓掌时,应暂停,等掌声停止时再继续;⑥勿因听众的鼓噪或讥讽,加以驳斥或表示怯懦。

当演说完毕时,你的态度从容、镇静是必要的,无论有没有听众表示欢迎的掌声,你都应该面带微笑,表示愉快。

最使听众觉得苦闷的就是你的言词枯燥和乏味,最使演说者觉得苦恼的就是词不达意。当然,词不达意的主要原因,多半由于演说者少练习和词汇不丰富,但不懂得怎样讲述的方法,也是缺点之一。每一篇演说都离不开下列的四个要点:①说明事理;②说服人家而使人感动;③得到行动的反应;④使听众发生兴趣。

依上列的要点,而知道怎样去实现目的,那么成功便有把握。许多演说者没有把握住自己演说的要点,那么自然会遭到惨痛的失败。

许多人常认为把事理说明清楚是一件容易而且并不怎样重要的工作,一般演说者的失败,常由于这种观念所造成。

英国大物理学家阅滋博士说:我有 40 年演说的经验了,最主要的问题,我们应该注意充分地准备及努力说得清楚,请记住用比喻来帮助是十分必要的,你把下面的例子比较一下,看看哪一个来得清楚:①离开地球的星球,最近的距离有 56,350,000,000,000 英里;②要是火车一分钟可走一英里的话,那么从我们这里到最近的星球去,要走到 4800 万年才可以达到,如在那星球中唱一首歌,要在 380 万年以后,才能够听得到;③世界上最大的圣彼得教堂高 232 码,宽 364 尺,圣彼得的高和美国华盛顿国会议会厅两座堆积起来相等。用比喻来说明事理,不但使听众容易明白,而且也可以引起听众的兴趣。

一般听众的水准是不可能整齐的,有的高,有的低,你在演说中,必须竭力避免专门名词。倘若你是一个医生或工程师,更当注意你的演说中避免专门名词,就是普通名词也必须详加解释。许多学问渊博的学者,他们的演说常常不受人们欢迎,就是因为他们的术语太多,名词难懂,使听众不明白。

一位有经验的演说家说:你如果能在听众中选一个知识程度最低的,而使他对你的演说觉得很有兴趣,这是一种十分有益的练习。要达到一个无知识的人对于你的演说感到兴趣,那只有用清楚的字句来讲明事实和极浅显的词句解释意义,才能收效。更好的方法,就是你把你的谈话,集中在小孩身上,使孩子们都能了解,而且在事后,小孩们都能复述你的意思。

谁都知道,亲眼所见的事物,总比耳朵所听到的印象来得深,科学实验证明,刺激眼睛而引起注意的事物,比刺激耳朵所引起的注意,要超过二十五倍之多。所以你要使听众懂得更多,了解得更深切,你应该把要点生动地描绘出来,形容出来,让人家看。因此,一个人只靠说话的方法去使人了解,还不如用戏剧的表演方式,更加有效。最好的方式是,要利用图表来帮助。因为图表使人看了,总比空话说服人家来得有效,而且也使人印象更深。

煤油大王洛克菲勒常利用钱币在桌上表演,说明资本家和工人的利益关系,使工人得到很深的印象。所以帮助我们的演

惰　　性

有一位年轻人专攻技术，生性不喜欢求人；偏偏他刚接手的工作就有一件是求人的事情，经理要求他在三日内去主管部门的王处长那里申请一个批示。这可急坏了他，他过去几乎从来没有做过这种事情！见了王处长怎么说？他会不会给这个批示？要是他拒绝了该有多尴尬？年轻人满脑袋转着这些问题，两天下来，比干两年的事情还要累，却就是不敢去找王处长。第三天，无论如何也不能再拖了，他鼓足勇气敲开了王处长办公室的门，令他无比惊讶的是，王处长竟是那么随和，而且说很早就知道年轻人的名字，接下来还就技术问题探讨了半天，不用说，年轻人索要的批示也如愿以偿。现在，这位年轻人已经成为部门主管，负责大量的对外联系工作，与过去的他简直判若两人。惰性是囚禁人们才能发挥的坚壳，唯有冲破它，才能获得新生。

说更畅达，使听众更容易了解，图表、实物、戏剧式的表演，我们应该尽量利用。

拿破仑说："复述是修辞学上重要的原则。"这话一点不错，你有了一种思想或学识，只有你自己明白，别人未必能摸得着头脑。因为一种新观念的理解，是需要一段时间的，更需集中整个注意力的。所以为使人家彻底了解，必须反复加以申述。复述可以增加记忆，也可以将印象加深，但是必须注意不要用同样的词句，使听众觉得厌倦，倘若你能换用各种方法，重复申述你重要的意见时，那么听众的了解，一定可以比你只说明一次来得多。你如果要别人接受你的意见，只说十次也许还不可能！

詹姆斯说："在一小时的演说中，只可以提出一个要点来解释说明。如果要使听众明白你说的要点，可以多加解释，不论用比喻，或是用图表。但是无论怎样总不要忘记，在短时间中，不要多说要点，多说要点，则丝毫不能使听众了解，在听众的脑海中，没有一点印象遗留下来。好像一个向导，在半小时中把巴黎完全介绍给旅行者，又像一个人用十分钟，把美国所有自然历史博物馆完全走遍一样。结果不但认识不清，而且是毫无乐趣。许多演说家所以把他们的说词表达得通畅明白，就是因为他们在限定的短时间中，把说话的范围扩大到无可限量，好像他们不是在演说，而是交谈。"

在演说时，意见不在多，而在能把一点意见使听众了解得非常确切，并且深感趣味。即使你的记忆很好，也不过给听众介绍了一个大纲，不能称为动人的演说。

在戏场中有句俗语：上场和下场的表演，就可以判定演员全部本领。这句话应用到演说方面来，更是来得恰当。无论做什么事，开头和结尾，都是不容易做得好的，而尤其是演说，最重要的最精彩的，还是在结尾的时候，因为最后的字句，虽然已经停止，但仍在听众的耳中旋转，使人记忆得最久。可是，初学的人最不容易注意到这一点。往往一篇演说在开始时，总是打起了精神，努力表现着自己的本领，可是说到后面，以为演说将完，听众不大注意了，于是常常失之于平淡，或甚至不能尽意。

演说开始，可以吸引群众，抓住听众，但在结束时却是留给听众永久的印象，这印象将长留在他们的脑子里，引起他们的回忆。

这里有一个很好的例子，是威尔斯亲王在加拿大帝国俱乐部演说的结尾:"各位,恐怕我说得太远了,并且关于我自己的讲话,也说得太多了。但是我今天能和各位说出了我自己的地位和责任,真是十分荣幸。我可以向各位担保,我一定尽我的力量去完成重大的任务,不负各位的托付。"这样一说,大家都知道他的话已经完了,而结束也不会使听众感到缥渺。

在演说完毕的时候,听众常会把演说中的要点忘记。可是对所用的结论却记忆深刻。如说:在很久以前,当哥伦布发现这块新大陆,当耶稣被钉在十字架上,当摩西率领了以色列人渡过红海,甚至亚当从创世的主宰手里出生,一直到现在,那尼亚加拉瀑布一直在这里怒吼。古时候的伟人,像我们一样,他们都会见过这个瀑布,从那久远的年代,一直到如今,这瀑布永远在奔流,从不静止,从不干涸,从不休息。

无论用什么方法结尾,总得注意下列的要义,能够做到这些,结论自然有力,否则就失败了。①简洁明快恰到好处;②加强说词的力量,使听众爱听;③从结尾中使听众有回味你说词的必要;④在紧张的地方中止,使听众觉得依恋不舍。

在演说中,最重要的一点,还是在结束上。最后的字句,虽然已经停止,但仍在听众的耳中旋转,使人记忆最久!我们把名人的话及古今的格言,都可用来增加演说结尾的力量。

一生败在口才的人很多

我们和人们接触的时候，有四件事情容易被人估定我们的价值，那就是：我们所做的，我们的面貌，我们所说的话，我们是怎样的说法。可惜，许多人为了种种琐事的繁忙，竟使他们忘记了最大的事，缺少时间去锻炼他们的"讲话辞藻"，甚至不肯花费一分钟的时间去设想如何充实自己的词句，如何增加词句的意义，如何讲话准确清晰。也许你们以为这不过走错了一步而已！可是，你们要明白，你们一生的失败，往往正错在"缺少口才"这一步上。

口才会使人托付重任

你以为有了"才干"，即使没有口才，也可达到成功的目的吗？但我要告诉你，有才干兼口才的人，他成功的希望更大！因为你的才干，可以从你言语谈吐之间，加以充分地表露，使对方更深入地了解你,并且信任你,这样对方才敢付托给你重任!

据说有一个人对商业广告极有研究,曾在无机会中创造机会。他以求职的目的去拜访一个大公司的经理,会面以后他始终没有把谋职的意思说出,他只和经理谈天,他在巧妙的谈话中尽量地把广告对于商业的重要性和其运用的方法说出,他举了许多有力的例证。他丰富的辞锋引起了经理的兴趣,结果他没说出谋职,反而由经理主动请他替公司试办设计广告业务,他的目的达到了。这就是仅凭一席话给自己创造机会的人。他有才干,而且晓得怎样用巧妙的谈话去寻找他发展才干的职位。另外,我还知道有一个青年怎样应征火柴厂的职位,他对于此业原是外行,但为了去应征,他预先调查好了国内火柴厂的出品数量和市场,外国火柴在市场上的地位和各种火柴厂出品的比较,与各竞争厂家的营业情况等等。当他应征时,他对于此业务研究的广博使主持者大感兴趣。在几十个应征者当中,他俨如一朵奇葩,结果不消说,机会是给他夺得了。所以,预备一些使对方产生深切兴趣,同时表现你对此道才干的谈话资料,往往能帮助你较易成功。

如果你不相信,我再引证一个达尔·卡尼基说过的故事:他告诉我们在费城的大街上,曾踯躅着一个失业的英国青年,不论是清晨或是夜晚,他总是惹人注目的经过,据他自己说是想找寻一个职业!有一天,他突然闯进了该城著名巨贾鲍尔吉勃斯先生的写字楼,请求主人牺牲一分钟时间接见他,容许他讲一两句话。这位陌生的怪客,真使鲍尔吉勃斯先生感到惊奇,因为他外表太刺眼了,衣服已很破旧,满身是一种极度穷困的窘态,但精神倒是非常饱满。也许是好奇,或者是怜悯吧,鲍尔吉勃斯先生竟准许与他一谈。起初原想与他谈一两句话，想不到却谈了二十句，在一两分钟后，又是一两刻钟，甚至继续到一点钟，而他俩的谈话还没有停止。结果呢，鲍尔吉勒斯先生立刻打电话给狄诺公司的费城经理泰勒先生，再由这位著名的金融家泰勒氏，邀请这位陌生怪客去午餐，并且给予他一个极优越的职务！——你们觉得稀奇吗？这么一个穷途落魄的青年，竟能在半天以内，获得了如此美满的结果，他的成功秘诀，还不是在于他会说流利动人的话吗？

林肯的法术

或者你们要问，如何才能使口才熟练，并能优美而准确地用文字写出来呢？——这是一件公开的秘密，所用的方法既不奇异，更非幻术，说穿了原是"平凡之至"。但林肯曾使用这方法，而且得到了惊人的成就！

历来的美国人，从来没有比林肯讲话所用的字句更优美了！他所写的散文，有人曾这么歌颂过"竟像音乐一般的悦耳！"随便举一个例：当他在第二次总统就职演说中，曾说了这么一句话：(With malice towards none, with charity for all.) 勿以怨恨对待任何人；请以慈爱加给所有的人！

说起林肯，谁不知道他父亲是一个庸碌无识的木匠？他的母亲,也没特异的才学。那么,林肯怎么会有运用文学的特别天才呢? 的确,我们都知道,林肯所受的教育是"不完全的",一生也不过进了不满一年的学校,他被选为国会议员后,他自己也曾对群众承认过。——谁是林肯的老师呢? 我告诉你们吧,在肯塔基州森林地带有数位巡游的村儒学者,曾无意地帮助林肯得到了很多的长进——要不是林肯青年时代的环境太恶劣也许林肯的成就要更大一些呢!

林肯的教师还有:在伊里诺州第八司法区,他每天曾和许多农夫、商人、律师、讼者,商讨着对于文字的运用——请牢记吧,林肯秘密成功的方法是:"每个人都可能做他的教师!"这和中国的孔夫子所说的"三人行必有吾师焉"倒有点相仿佛! 此外,他再也没有什么特别法术了!

流利的口才来自书本

不过,林肯是不愿意把智力浪费在和他智力相同或者较低的人们身上的,他最大的教师,却是历代著名的学者、诗人与优秀的人物。他曾背诵拜伦的长诗,伯郎宁的诗篇也是他最爱阅读的。他还见过一篇关于诗人彭斯的演讲。——他要拜伦时刻刻做他的教师,所以,他预备了两本拜伦诗集,一本放在写字间里,另一本放在家里。他在办公的前后,或者休息片刻时光,他总是去请教这册诗集,因此,该书的书皮已翻得残破了!

做了总统的林肯,以及在"南北战争"军务繁忙中的林肯,在每晚睡前,还是要读几页歌德的诗——或者,他在半夜醒来,也要拿起诗来念,当他发现美好的句子时总是兴奋得跳下床来,只穿上睡衣,连奔带跑地到大厅;找到他的书记,他就一篇一篇地讲给他的书记听。

林肯的记忆力很好,在白宫的时候,他能够背诵莎士比亚名剧的长段对白,他还能批评伶人,指出他们所念的对白的错误,还要加上他自己的解释。名伶哈凯特曾收到过林肯的一封信,里面有一段话说:"我曾细读莎士比亚几部名剧,也许可以比任何一位没有职业的读者要熟悉,李尔王、亨利八世、哈姆雷特,尤其是马克白,这几部剧本是我最喜欢的,我觉得马克白一剧真是优美极了,还有哪一个剧本能比它更优美呢?"

关于韵文,林肯也曾相当努力,他不仅可以记住,并且可以公开,或私下背诵。还自己试写过韵文。

《文人的林肯》著者罗宾汉,在该书中曾这么写着:"这位自学成功者,以真纯文化教育的原料,装饰他的心智,称他为天才或是智敏都可以。他的学识不是从学校的教室中获得的,完全是使用他好学的精神,不断地自学与实验……"

应该博览群书

曾任哈佛大学校长三十多年之久的叶洛特博士,告诉过我们这么一句话:"我仅承认一件事,受教育的男女们,在知识上所应得的收获,那就是:能够正确优美地使用其本国语言!"

不错,书就是真正秘诀的所在!你要增进自己的知识,充实你讲话所用的词句,你先应该多多阅读书本。英国大政治家约翰·伯莱特怎么对我们说呢?他觉得每逢走进一所图书馆,就愤恨人生太短促了,使他不能将心爱珍贵的书,去遍览一次!——我告诉你,伯莱特 15 岁就被迫辍学,到一家棉纱厂去做工。从此他便没有再返回学校的机会。可是他不但英语讲得流利纯熟,并能把拜伦、米尔顿、雪莱等长诗熟读深思,又能将莎士比亚名剧背诵得很多,他每年总要温习一遍《失乐园》,来充实他的词汇。他的能力,终于使他成为英国 19 世纪最伟大的演说家。

再说,英国 18 世纪的著名政治家毕特,他的自修方法,是每天把一两页希腊文或拉丁文的作品,读过以后,再试译为英文。他这么努力了 10 年,于是他夸口说:"现在,我已获得一种无与伦比的能力,不必费思想,就能把适当的意见,合宜的字句,排列成次序,决不会有一些紊乱或谬误……"

一条成功的捷径

我说了许多话，早已把秘密揭穿了，记得林肯曾答复过一位急欲成为一个"成功的律师"的年轻人说："只有努力地研读，勤奋地工作，才是一条成功的捷径！"要是你真愿意听我的话，这么遵照做了，那么，结果会怎样呢？——渐渐地，不知不觉地，也是必然地，你的修辞会突然变得美丽，你说的话会突然变得动人，你的作风也渐渐有些近乎名人的风格了！正如德国大哲学家哥德所说："请你告诉我，你阅读些什么书，我就可以知道你是怎样一个人！"不过，请你千万不要忘记，应该要有"恒心"，要有"毅力"，并且要随时利用"余暇的时间"，能够这么实行"读书计划"，我深信你定可获得"成功"！

可是，著名心理学家薛兆尔说："一般人平时利用他的记忆力不及百分之十，这是因为他违反了记忆的自然法则，浪费了其余百分之九十的缘故。"你是否也是这样？如果是的，你一定感到进行"读书计划"时会发生重重困难！

增进记忆的方法，是促成你口才的一种元素。为什么你往往对事物的印象，只是视而不见；一忽儿便会忘掉？这是你没有懂得记忆的秘诀！对你打算牢记的事物，抓住一个深刻、生动、而能启人的印象，集中注意；只要五分钟努力地集中注意，将比心不在焉恍惚几日的成就更为优。有人说:"一小时紧张工作,可超过如梦般的几年。"这便是得力的秘诀,特别是记忆力的增强。

爱迪生说过:"普通人的脑子所记住的不及他的眼所见的千分之一,人们真正的观察力之贫弱,甚至极为可笑。"

当你遇到同时被介绍认识三位陌生朋友时,一两分钟以后,竟会忘记了他们的姓名,这是什么缘故?因为你起初就未能充分注意他们,也根本没有精确观察他们。要是你听准了别人的姓名,或是未听明白而再问一遍,他们会因你的注意而心悦,你也因集中注意而记牢了他们的姓名,并得到准确的印象。

林肯告诉我们一个助长记忆的方法,那就是他每次阅读必须要记住的书报时,必须高声朗诵。他说:"当我高声朗诵时,有两种官能在工作!第一,我看见了我所读的是什么;第二,我的耳朵也听见了我所读的是什么。因此,我可以容易地记住。"谁都知道林肯的记忆力是异常牢固的,他自己说过:"我的心像一块铜板,很难在上边画深事物,但已画上以后,就极难拭去。"总之,同时利用两种官能,是林肯记忆的秘诀,你也不妨加以仿效。

百闻不如一见

最合理想的,应当是不仅要看见,并用耳朵听见你所想记住的，而且还该触到、嗅到并尝到它。其中最要紧的是看见它。我们的心，多受视觉支配，眼睛所得的印象最牢固。我们常常遇见一个人，觉得他的面貌很熟，但却想不起他的名字，可见眼力比耳力佳。通常，从眼睛通到脑子去的神经，经从耳朵通去的多十倍。中国有句古语说："百闻不如一见。"因此，写下你所打算记住的亲友的姓名、电话号码，及演说的大纲，看了它，闭上眼睛便能幻想出如霓虹灯一样显明的大字。

不过，我们坐下来记忆一段书文，翻来覆去直到能记熟为止，所用的时间，是双倍于用适当的记忆方法。因为我们的心，应该有休息，才不会因使用过度而疲乏。《天方夜谭》的译者瑞却巴通先生能讲二十几种语言，并且非常纯熟。他承认，从来不会为了记忆一种语言，每次超过 15 分钟之久，他告诉我们，在 15 分钟之后，脑力便失去其新鲜感。

脑子是一台联想的机器

詹姆斯教授另外告诉我们一个记忆秘诀，他说："我们的脑子，原是一架联想的机器。如果在一阵沉默之后，突然要你记好，你当然将瞠目不知应对。因为你根本没有什么印象记忆了。这也就是说，记忆必须有一个线索，如果我要你记住自己的生辰，或是早餐吃些什么，或是记住一首歌谱，那你当然可以立刻回答出来,因为有了联想的线索,这联想的线索控制了我们一切思想。我们运用脑子,无非是受了这联想的系统所牵引。总之,凡是记忆,都靠着一个有系统的许多联想,而这良好记忆的秘诀,便是把我们要记住的东西,连成许多的联想。譬如,两个经验一样的人,谁能把自己过去的经验记得最多而且最有系统,便是谁的记忆力好。"

把新事物组织连贯起来

那么,我们怎样把自己的经验,有系统地记忆起来呢?答案是找出意义而加以思考。例如当你遇到一件新的事物时,不妨自己提出下列五个问题回答:

它是怎样的?

它为什么是这样的?

在什么时候是这样的?

在什么地方是这样的?

谁说是这样的?

这五个步骤,可以使你把一件新事物组织成一个连贯的系统。

比方要记住一位新朋友的姓名,我们第一要听得清楚。如果是普通的姓名,可以联想到和某友的姓名相似,如果是生疏的姓名,我们不妨请问他这个名字的意义是什么?同时再去记住这个人的面貌。把我们的注意力集中在他的面目、身材、服装上面。并且要细听他的声音和腔调,抓住他面貌的特点,成为一个深刻而生动的印象,再和他的姓名联在一起。这样,下次你见到他的面貌,便能想起他的姓名了。

比如你和一个新朋友见过两三次了,而且知道他在什么机关服务。可是,却想不起他的名字叫什么,这样的经验你有过吗?你要知道,这是因为一个人的职业是固定而具体的,就好像涂在布上的药膏,而他的名字,却像打在屋顶上立刻滚落的冰雹。所以你要记住一个人的姓名,最好把他的职业和姓名联在一起,这方法是十分有效的。连结的方法很容易,比方:许君是做大菜司务的,不妨叫他"许大使";林宗是开帽子店的,因为"帽子"和"豹子"的音相近,"林宗"和"林冲"的音也相像,于是就叫他做"豹子头林冲"。

同样,一个不大容易记住的年代,你可以和已经发生重要事件的年代联在一起,比如美国的南北战争结束在 1865 年,是每个美国人所不会忘记的。如果要他们去硬记苏伊士运河完工年代是 1869 年,那就困难了。要是叫他们改记南北战争结束后 4 年,一定较为容易。

电话号码也很难记,现在都利用谐音来助长记忆。比如,我办公地方的电话,是33458,起初我很不容易记牢,后来我联想起一句俗话:"啥啥事无不?"就再也不会忘记了!

记住演说的要点

　　要知道一个初学演说的人,当你上台时,早已恐慌得失去了从容思索的能力。那么你该怎么办呢? 唯一的补救办法,就是事先把你所要说的几个要点联在一起。比方,你想起"牛、雪茄烟、拿破仑、房屋、宗教"几个字,你不妨把它们联想成可笑的"牛吸雪茄烟,用角触倒拿破仑,一所房屋在宗教的仪式下毁掉了……"这便容易记住了。

　　你记忆时,可以先记住上一句话,自问第二点和第三点该讲些什么? 第五、第四、第一又是什么? 这样不难渐渐体会到记忆的秘诀——不论什么概念,都可以拿来联成一串,而且联得越离奇有趣,越易记得。

　　不过,一个真正具有好口才的演说家,决不死死牢记他的演说词,这对于他的演说丝毫没有什么帮助。正如詹姆斯教授所说,我们无法改进天生的记忆力,但我们可以借联想来增强记忆力。我们的脑子应该是架联想的机器,我们将要点记住,并且加以活用,不是比死记好得多吗?

公开演说的魔术

　　一个聪明的演说家，他必须对自己的题目有把握，也就是说，所有的事实都需要搜集，并加以整理、研究、消化——不仅是一方面的材料，而是各方面的材料都要有。并且材料都确系事实，不可仅是假设或未经证实的臆说，而且对每一项事体都要加以证实。这固然是一件很辛苦的研讨，但是为什么必须这样做呢？你不是打算对你的听众有所报告、陈述与劝导吗？你不是想使自己所说的话成为权威吗？所以，将问题的一切事实搜集整理以后，对于这些事实，你要能够自己去想它的解决方法。如此，你的演说才有创造性，赋予个人的特点，那里才有"你"的存在。最后，尽你所能，把你的意见清晰合理地讲出来。换句话说，你努力提出各方面的事实，然后寻出那些事实的明确结论。

演说不是开录音机

　　善于演讲的人，他的演说稿，只是用纸片摘记几个纲领要目。演说时看稿，会使听众感到厌烦的。我们对于所写的演讲草稿，决不可逐字强记。否则不但会使你我的演讲形同录音机，且会失去精彩的效果，到时候，你的姿态语言都受了限制，自然不能顺利发挥了。也许你会问，我们如何去寻找演说的字句呢？远在 2000 年前，拉丁诗人赫瑞斯写过如下的名句："不用去找字句，只须找事实和意思，那么，你想要找的字，便会成群结队地涌了出来。"

从头至尾预习你的演说

　　当你心里有了深思熟虑的内容，你便可以从头至尾预习你的演说。在街上走着，在等候公共汽车或电车，都可以在心里默默演习。英国李特主教常说："一位讲道者，非至少讲过六七遍以后，不能得到所讲内容的真正精髓。"假如你想从演说中抓住真正的意思，至少也要预习那些次数，又当你在预演时，想像真有听众在你面前，用力想像，直至真的面对听众时，便已习惯而处之泰然了。

事实上，不论是谁听到你的演说，或是你的谈话，他会从你的言谈之中，测知你的文化教育水准，因而对你信任或重托。因为，言语原是教育文化的标尺。

有学问的人不一定有口才

言语虽然是教育文化的标尺，但一个有学问的人，不一定具有口才。有一位姓柯的医生，他研究健康学和实习医学已经30多年了，平时，他可以不用预备，安坐在椅子上，昼夜不停地对他左右的人谈论健康问题。可是，有一次他出席一个著名棒球队的欢宴，几位重要的来宾，都被邀请起来"随便讲几句"，想不到他突然听到主席说："我们很荣幸，今晚有一位大医生在座，现在就请柯医生讲一些棒球选手的健康问题吧……"这使他感到极大困难，要他站起来，即使是面对极少数人讲述这一个问题，都会使他的心突突地跳得非常厉害。他竟无法沉思一下，因为他从不曾做过公开的演说。大家都在不停地鼓掌，而且目光集中在他身上，该怎么办呢？他急得只是猛摇头，但是，这反而使

如何成为演讲专家

029

鼓掌的声音加大，"柯医生！不要客气了，快说吧！"喊声也愈大，愈坚决了。他窘极了。他知道，如果站起来说话，说不到十句，必定要失败的。他只好站起来，不发一言，转身走出餐厅。这一次，他真感到羞愧得无地自容。

一百个人中能有几个长于口才

不错，一个有学问而没有口才的人，和人交际时，就有点儿难于应付，同时在无形中因而损失了不少收获。往往有许多人，在繁忙的人事接触中，觉得别人的话对自己竟像一种威胁。也许别人说得太婉转，太富于感动性了，反使自己觉得木讷结舌，对于一个滔滔不绝的雄辩者，他的每句话，都能打动人们的心弦；他的一举手，一投足，似乎具有一种不可思议的魔力，可以影响到周围空气的松弛与紧张，这么具有口才的人，是多么值得羡慕和妒忌啊！

口才，确是人类生活中普遍应用而又难能可贵的技术。你看到，一百个人中，能有几个人长于口才的呢？在平常的谈话中，在大庭广众的集会中，你曾遇到多少使你满意的口齿流利的人呢？你还遇见了多少雄辩的演说家？他们的特长在哪里？你可曾留神仔细观察过？

我告诉你，少数有口才的人，可以说是天才，但多数的人有口才，却是出于常常训练的关系。一个当众不敢说话的人，最大的原因，是由于惧怕心理作祟的缘故。

紧张的开始

英国大政治家路易·乔治说："我第一次试作演说的时候，我的舌头竟抵在上颚而说不出一个字来，这种苦闷，完全是真的，并不是我故意形容的。"

另一个英国大政治家约翰·白莱特，他第一次的演说是在一个学校里对着一群乡下人。他去演说的路上，心悸得很厉害，他恐怕遭遇到失败，所以要求他的同伴，在看出他心慌讲不出话的时候，立刻鼓掌替他解围。

爱尔兰的政治领袖潘耐尔，也是非常胆怯的人。他初次演说的时候，常常紧握着拳头，指甲划破了掌心而出血。

在两千年前，西赛罗就说过："一切有价值的公开演说，都带有些胆怯性的。"

卓别林在英国舞台上演过多年的戏，但是，当他走进小小的播音室，他的心中感觉像横渡大西洋遇到风暴一样的滋味。著名的电影明星兼导演柯夫特，他在舞台上讲话十分纯熟，但他从看不见听众的播音室走出来的时候，不禁用手帕拭额上的汗，他说："在百老汇演新排的名剧，也没有这样难。"

有些善于说话的人，在开始演说的时候，还是免不了忸怩和不自然的，不过几秒钟以后等沉住了气，不自然也就消失了。

林肯在开始演说的时候，据说也感觉到一阵畏惧，他的朋友霍恩登说："他起初像是不知所措，很吃力地使自己适应情境，又在忧虑和敏感的感觉下挣扎了片刻，因而使他更难堪了。这时候，我是很同情他的，等他开始讲话后，声音尖锐难听，古怪的姿态、黄皱的脸孔、疑虑的动作，好像一切都在和他为难似的。幸好这仅维持了片刻而已，不久，他就镇定了，他真正的展示也开始了。"

也许你和林肯有着一样的经验。

所以，你必须挺直地站立着，望着你的听众，很自信地开始讲话，你想像听众都欠了你的债，现在他们聚集着，请求你再多放一些债，这种心理上的锻炼，对你是很有益的。你绝不可忸怩地解开又扣上你的纽扣，或是擦着双手，这种不自然的动作，万一不能免除的话，那你就可把手放到背后去扭着手，还比较合适一点。因为那里是没有人看到的，再不然，你不妨动动你的脚趾头也好。照一般的规则来说，演说者站在桌椅的后面是不对的，但是最初的一两分钟，你紧抓住桌椅，这可以使你生出些勇气来。要是在最初的一两分钟，无桌椅可抓，则手中不妨紧握一束演讲稿或书报。

总之，恐惧的发生，是由于无知和犹疑不决，换句话说，就是缺乏自信力的结果。所以，第一，要练习！第二，仍是练习！第三，还是要练习！如果你有些成功的经验记在心里，你的恐惧自然会像夜雾在日光下面一样消散殆尽的。

打破困局只要常常练习

其实,对于自信和勇气,以及在众人面前从容思索的能力的取得,其困难还不到一般人所想像的十分之一,这并不是只限于少数的天才,正像球类运动的技巧一样,谁都能够自己掌握的,只要他肯盯住目的去努力。

假如你立在众人面前的时候,便不能像坐着的时候一样思想,这是合理的吗?你当然知道不是!事实上,你站在众人面前的时候,应该更有思想。因为许多人在鼓舞你而使你兴奋,许多成功的大演说家告诉我们:"多数的听众,正好给我们一种刺激,使我们的脑子,更为清楚而灵敏。"如果你能够坚毅有恒地去切实练习,当然也会这样的——你不必以为这件事对你是特别的困难,那些当代最有名的大演说家,他们在事业开始的时候,也是被那种难以言说的惧怕和不自然的情景所苦恼过的。

放胆去说

美国有名的心理学家威廉·詹姆斯,曾写过下面一段话:

"动作好像是跟着感觉的,但实际上,动作和感觉是同时发生的。所以我们直接用意志去纠正动作,也就是根据动作去纠正了感觉。例如我们失掉了愉快,唯一的恢复方法,便是快活地站起来主动说话,愉快便像和我们同在一处了。所以,当我们感觉到勇敢时,我们就会真的变得很勇敢。用我们整个的意志去达到目的,是使你的勇敢去代替惧怕的最好方法。"

你应该用詹姆斯教授的话,对你的听众展现你的勇气。不过,你必须先预备好一切动作,否则恐怕不易生效。假如你要讲些什么,你已经充分想好了,就该很快走出来站在听众面前;应该先做好半分钟的深呼吸,因为多吸一些氧气,可以增加不少勇气。著名的高音歌王休斯奈说:"你吸足了气,便能支持住自己,使恐惧的心理完全消失。"

在非洲中部,泊尔族的青年,他们到达成年,预备娶妻的时候,必须先受一回鞭笞的典礼。在典礼中,该族的女子群聚一处,随着鼓声而拍手歌唱,那位受礼的青年赤裸着身体,仅在腰间披上一些遮盖物,勇敢地大步走来,一个手执皮鞭的人,便对那青年用力鞭笞,像是鞭笞仇人一般,鞭得皮破血流而成为终身的创痕。这时候该族的一位长者，会伏在青年的脚前，监视青年是否有了移动或是什么痛楚的表示，那位青年为要得到成功，所以不但在被打时竭力忍受，而且还要口唱颂歌。不论哪个时代或哪个国家，对于勇敢都是敬佩的。所以，你不必去管你的心跳怎么样，你必须十分勇敢地走向前去，稳定地站着，并且还做出你喜欢这样的态度，像那受鞭笞典礼的非洲中部青年一样。

把握今天

有一天，老禅师带着徒弟，提着灯笼在黑夜里行走。徒弟问师傅："什么是前世？什么又是来生？我们怎么抓住它们？"此时，正好一阵风吹过来，灯灭了。师傅说："当一切变成黑暗，后面的路和前面的路都看不见了，这就如同前世与来生，不要指望能抓住它们。我们能做的是什么？是看脚下，看今生。"

老罗斯福在当年是怎样发展他特殊的勇气和自信的呢？难道他的冒险的大胆的精神是天生的吗？不，绝对不是。他在自传中说："因为我是一个病弱的小孩，所以我到青年时代既多惧怕，而且难以信任自己的能力。我必须艰苦地训练我的身体，同时还要艰苦地训练我的心灵。"

法国的福煦将军说："战争中最好的防守就是进攻。"因为你对惧怕采取了一种攻势，你就不能错过走出去和它抗争而把它克服的机会。你可以想像在你手里有一封信，想像你是一位被派送信的信差，人家注意的是一封信而不是信差，自信是一件十分重要的东西，你应该把整个的心思用上去。当你有了自信，然后坚决地讲出来,这样,你就不难克制你自己了。

克服恐惧的方法

老罗斯福总统曾在他的自传中这样写道:"在 1881 年我被选为参议员的时候,发觉我是议员中最年轻的。我像一切年轻人以及没有经验的议员一样,对于讲话感到困难。后来我在一位固执的同乡处得到了很大的教益——他对惠灵顿公爵和别人都曾有过批评,他有一句忠言是:'沉默吧!除非你感到确实有话要说,而且还要抓住听众的心理,使他们赞同你的意见。你讲完了,就坐下来。'"

这位固执的同乡,应该也把克服恐惧的方法告诉老罗斯福,他应当加上这么一段话:"如果你在听众面前能够找到一些事情做,这就可以帮助你摒除窘态,例如在黑板上写几个字,或是在地图上指出一处地方,或是搬动一下桌子,打开一扇窗子,移动一下书籍或是报纸——不论你采用哪一种动作,只要能够带着一些用意,都可以使你感觉到自然一些。"

这种衬托的动作,不是容易找到的。然而,这确实是一个很好的建议。

怎样应付难堪的场面

一个演讲者，即使事先已经有了充分的准备和演习，上台以后仍难免中途突然忘掉了演讲词，望台下的听众大露窘色，同时又因为他不肯就此失去尊严，所以决不肯立刻自认失败，羞愧满面地退下台来。他自知也许只要容他有十几秒钟的静思，就可以记起一个或几个要点，继续讲下去了，但在听众面前静默十几秒钟也够难堪了。遇到这种场合该怎么办呢？记得有一位有名的演说家，有一次也遇到了这种难堪的情形，他立刻向台下的听众问，他的声音够不够高？后排的听众能不能听清楚？其实，他知道他的声音已够高了，用不着再去征询听众的意见。他只是借此机会，思索十几秒钟，使演讲继续下去罢了。但有时碰到这种急难，也许可以这样挽救，利用自己刚才讲过的最后两句话或是一个概念，作为下句的开头，就不难由此引出另一段滔滔不绝的话题来了。当许多演说家，不幸而陷入遗忘的窘境时，这个方法，真是一服救急圣水！

找机会公开演说

　　克服惧怕心理的最好方法,莫过于寻找对大众发表演说的机会。那么该怎么做呢? 你可以加入一个正进行着某种形式之演说的俱乐部,但不要只做一个呆板而不活动的会员、一个无关的旁观者,要热切地投入并且由工作来帮助自己。这些工作大部分都是可供作为训练的开始。譬如去做个节目主持人罢。那将会使你有和团体中优秀者晤谈的机会,同时你必定将会被邀请来发表一篇介绍的演说。

　　尽快地推展一篇 20 至 30 分钟的演说,让你所在的社团或机构知道你已准备好要对他们发表演说;提供服务给你城镇上的事务处,各种募款活动正在找寻自愿者来为他们演说呢! 他们将供给你演说的全部装备,那将对你初步的演说有莫大的助益。事实上,许多的演说家都是以这种方式开始的,如今他们中有些人已经成为非常杰出的人物。所以,丢掉你那可笑的惧怕心理吧! 站出来,畅所欲言,你将会发现演说是一件非常迷人的事。

应先计划好要讲什么

一个人除非已经想出并计划好他的谈话，而且知道自己将要讲的是什么，否则，在面对听众之前，必不能感到很坦然。因为，他像一个盲目者领着一群盲人。在这种情形之下，讲话的人一定会不自在，一定感觉懊悔，羞愧自己的疏忽。

也许你以为要使谈话内容丰富，或是演说题材充实，是件很困难的事。那么，我告诉你 19 世纪一位大传教士维德摩迪的方法。他说："当我选择了一个题目，我把题目写在一个大信封上，我有许多这样的信封，倘使我读书时遇着一些好材料可作将来的参考的，我便把它记下，放入适当题目的信封内。另外，我永远带着一本记事册，当我在听别人讲道时，得到些切合题目的话，及时把它记下，也放入信封内。也许这些材料存一两年不用；但当我要讲道时，便取出我所有收集的材料，在那些材料和我自己的研究之中，我就有了充足的讲道资料。因此在我多年的讲道中，从这里取一些、从那里择一点，那样它们将永远不会陈旧。"你如果也能如此做，还怕题材缺乏吗？

应该避免的错误

　　初学演说的人,最容易犯可笑的错误,就是常向听众道歉,比如说:"我实在不会演说……我没有预备好……我没有什么可说的……"我告诉你,这是绝对不可以的!因为这些话对听众说过以后,对你是毫无用处的。假使你真的没有预备,用不着你说,早会有听众发现,但不一定是全体听众都会知道。那么,对于这些没有发现的人,为什么反要故意告诉他们呢?难道你的听众真不值得你先经过一番准备之后来讲吗?所以,我劝你不要这样说,他们不乐意听你的道歉,他们是对你感到兴趣,特地前来听你指教的,为什么莫名其妙地先给他们一个失望呢?

　　此外,在你站起来预备对听众讲话时,不要忙着开始,那是外行演说者的信号。你要深深的吸上一口气,举目向台下的听众看一会儿,如果台下有杂乱不静的人声,你要等一等,直到完全安静下去,再开始发言。同时,将你的胸部挺起来。平日,你就应该天天这样练习,那么临到听众面前,便会不自觉地释放出来自信——抬头挺胸,至少可以减低你的恐惧情绪。

语气要当心

演说发音的抑扬顿挫,可以加强语气,抓住听众的情绪,打动他们的心弦。但是,也要注意不要弄巧成拙。事实上,这件事并不稀奇,在你日常生活中,也许用过不下千百次。因为随便一句话里,总有重要与不重要的分别,你说到重要的字时,声音自然就提高些,不重要的字便放低些。例如:"今天'我'做了一件'好'事。"这句话中,"我"和"好"两字说出来自然就会提高,这道理不是很浅显吗?为何演说时,全走样了?

现在,你来试一下拿破仑的一段话:

——因为我"决心"要成功,所以凡是我做的事,都得到了"成功",我"胜过"一般人的地方,就是我做事"从不犹豫"!

请把引号中的字,特别提高声音来读,看看结果怎样?当然,读这段话,并非一定要用这种语调,也许其他演说家的读法另有一种风格。总之,声音的轻重,并没有铁一般的法则,还得视各人的情况去处理读音的轻重。

现在请你把声调特别放低,读下面引号中的字句,看看结果如何:

——我只有一种特长,就是我"永不绝望!"(福煦将军语)

——教育的最大目的,不是单单知道而已,"必须要做"!（斯宾塞语）

发音不可呆板单调

　　我们谈话时声音的调子,高低起伏,像海水的波浪永不会平静。这是什么原因? 没有人知道,也没有人注意。但是,这种现象是极自然的,而且是不需学习的法则,我们从小孩子时就会了,根本不必故意去学。但是为什么当我们站起来面对一群听众时,我们的发音就会立刻变成呆板、平凡、单调,好像荒凉不毛的沙漠呢?

　　当你发觉,自己正在用极单调的声音讲话时(而且多半是声音很高),那么,你就该立刻停止几秒钟,并在心中警告自己说:"我讲话简直像一个傻瓜,向他们谈得更自然一点吧! ……"这样的警告,对你有帮助吗? 我想也许有一点。正讲着话时忽然停止,就可以帮助你了。你应当时常练习补救自己的办法,有空时,不妨随便指定一篇演讲中的几个单字或是短句,在读到这几个字句时,突然把声音提高或是放低,结果往往能特别引人注意。

　　——我活了86岁,见到许多走上成功之路的人,他们的能够成功,"最主要的是信心"! (吉朋斯大主教语)

　　总之,平日我们和人随便谈话,常常改变语调的速度,这是我们在不知不觉中应用的一种很自然、很有力的说话方式,它可以使我们整个意见的某一要点特别明显地表现出来。

史蒂芬先生在他的名著《记者眼中的林肯》中说：

——林肯总统，常是一口气很快地讲出许多字句，其中遇到重要的字句，就把声音特别拉长或提高，然后再像闪电般，一口气讲完那句话，他常常使一两个重要的字所占的时间，比六七个不那么重要的字的时间长得多。

用了这种方法可以抓住听众，这是毫无疑问的。现在请你把下面一段文字，将引号中的字句，特别拉长读一遍，看看结果如何？

——吉朋斯大主教，在他快要逝世的时候说：我已经活了"八十六——年"，看过"几百"人"走上成功之路——"从这上面，我发现所有能够成功的"重要"因素中，"最重要的是信心——"，一个"失了信心的人，是万难成功的"。

请再做一个实验，你先用漫不经心的迅速语调读——"三千万元"，然后再用吃惊的口吻慢慢地说："三——万——元"，试仔细玩味一下，是不是好像三万元的数目，比三千万元的数目，要大许多？

重要字句突然停顿一下

林肯演讲时，常常在一些重要的字句之后，突然停顿一下，他深知这一阵短短的静默，可以使他刚才所讲的重要意思，完全印刻进听众的脑海中去。所以，他在每一重要字句的前后，总要停顿,甚至一句话中,停顿达三四次之多,但是,他停顿得十分自然,毫不勉强做作。演讲时,利用停顿真是一个最聪明的方法,值得我们多多仿效。一般初学演说的人,往往没有注意到这一点的重要性。

现在,我把下面一段演讲词中,应该停顿的地方标示出来,不过,这种标示本来没有一定的法则,并不是不能改变的。也许你认为我标得不够高明,也许你今天以为,这个地方应该停顿一下,到明天再讲的时候,便以为不该在这地方停顿了。

当你开始试读时,先不停顿地读一遍,然后再照我标注的停顿地方读一遍,两相对照,你就可看出停顿的方法有些什么效果了。

——经商正像打仗。(略停顿,使"打仗"两字,印入听众脑中)只有以战士的勇气,才能在商场中获得胜利。(停顿)我们也许并不想这样做,然而,这种情况,并不是由我们做成功,(停顿)而且也不能由我们去变更的。(停顿)如果你有一天加入了商战中来,你就得拿出勇气来!(停顿)要不然的话,(停顿一两秒钟)你干任何事业都将惨遭失败的。(停顿)比方打球,(停顿)如果一个人想一棒把球打出去而可以使人跑完三垒,那就决不可对对方的投手怀着畏惧心。(多停顿一下)请记牢这一点,(多停顿一下),那位能一棒把球击出球场以外,安然跑完全垒,稳得一分的球员,(多停顿一下,使听众急着等待你说出是谁来),在他的心上,必定早已有了坚定的意志,咬紧了牙根,准备做他那一棒惊人的事业了。

假使你能了解这些秘诀,那么你在当众谈话或演说的时候,就不会再心存顾忌了,尽可以随口说去,一切的恐惧心理,也自然可以消灭了。

扣人心弦的演讲开头

你必须在开始说第一句话时就讲得趣味盎然,不要等到第二句,更不要等到第三句,你应注意的是:"第一句! 第一句! 第一句!"

这第一句究竟应该讲些什么,这完全得由你自己观察了你的听众,你的题材,以及当时的情境再行决定。

当你站到观众的面前,第一句话也是听众所最注意的,但是你第一句话讲得不好时,以后要想保持听众的注意力,就不大容易了。如果你开始失去了这种力量,即使费了九牛二虎之力,也难达到目的了!

开始就要引得听众大笑

当你在作重要的政治演讲时,觉得很难使听众产生兴趣吗?那么,请你看英国文学家吉柏林在开始政治演讲时,是怎样引得听众大笑的。他所讲的并不是假造出来的故事，确是他自己过去的经历，并且用一种戏谑口吻，来指出他的矛盾。他说：

诸位，我在年轻的时候，一直住在印度，我常常替一家报馆采访刑事新闻，这工作是非常有趣的，因为它可以使我有机会去认识一些伪造货币、窃盗、杀人犯，以及这一类富有冒险精神的干才。（听众大笑）有时我采访到他们被审判的情形后，我还要到狱里去，拜望一下我那些正在受罪的朋友。（听众又发笑声）我记得，有一位因为杀人被判无期徒刑的人，是一位顶聪明而善于说话的年轻人。他告诉我一段在他看来是一生最重要的话："我觉得一个人如果一失足跌入罪恶的深渊里，他非得从此为非作歹不可，最后会以为只有把其他人都挤到邪路上去，才可表现自己的正直。"（听众的笑声和鼓掌声）这句话，也正是当时演讲的妙喻了！

使听众的心情仿佛悬在半空

下面这一段话，请你读下去，看看你对这开头是否喜欢？是否使你立刻感觉有兴趣？

——在82年之前，也正是这一个时候，伦敦出了一本被公认不朽的小说杰作，很多人都认为它是"环球最伟大的一本书"！答案一定是："是的，我已经读过了。"这本书出版的第一天，便销出 1000 本，两星期内共销去 15000 本。自然，以后又再版了不知多少次，而且世界各国都有译本。几年前，大银行家摩根以一笔庞大的代价，买到了这本书的原稿，现在这本原稿和摩根其他无价的宝物，一并陈列在纽约的美术馆中。到底这一部世界名著是什么呢？那就是：狄更斯著的圣诞节欢歌……

你认为这篇演说的开头，的确很成功吗？为什么它一开头就能引起你的注意，并且还使你的兴趣逐步增高呢？原因在于已经引起你的好奇心，使你的心情，仿佛悬在半空一样！

有谁能不被好奇心所感呢？如果你在演说的时候，第一句话就能引起听众的好奇心，你就立刻可以证明已经引起听众的兴趣注意了。

引用名人的话开头

有人讲述汤姆斯·劳伦斯上校在阿拉伯的历险故事时，曾这样开始：

——路易·乔治曾经形容过他，认为劳伦斯上校，是当代最浪漫、最潇洒的人物之一。

这样的开始，有两种好处：

第一，引用一位名人所说的话，易使听众对于下面的话格外注意。

第二，引起人们的好奇心，他们一定要问："他浪漫到怎样地步？""他怎样潇洒的？我从未听过这个人，他做过些什么事？"

要你张大嘴巴急欲一听

同样的讲述劳伦斯上校的事迹，美国著名电影新闻报道家陆威尔，曾用这样的开头：

——有一天我走到耶路撒冷的基督街上，遇见一个人，身上穿着东方皇帝所穿的华服，腰间挂着一柄穆罕默德子孙常佩的金质弯刀，但这人外貌一点也不像阿拉伯人，因为他的眼睛是蓝的，阿拉伯人眼睛却是黑色或棕色的。

这段话当然立刻引起了你的好奇心，使你张大了嘴巴，急欲一听下文了。此时，你暗地里一定会想："这人究竟是谁？为什么这人要打扮得像阿拉伯人，他做过什么事？后来怎样了……"

抓住听众兴趣的技巧

一位警察局长向群众报告破获盗匪的经过，他开始就说：

"盗匪真的都有组织吗？是的，他们大都是有组织的，但是他们怎样组织……"

他所用的方法，就是先告诉听众一些事实，引起听众的好奇心，使听众急欲听下去，希望一听盗匪组织的究竟。这真是一个值得赞美的开始。每一个预备当众演说的人，都应注意到这种立刻抓住听众兴趣的技巧！

先让你紧张怀疑然后往下解释

也有预先述说一件事情的结果，使听众急于想知道这件事的经过情形，也是引起听众好奇心的好方法。比如说："最近某地发现一张布告说，不论哪一所学校的两里地之内，所有的蝌蚪，都禁止变成青蛙，以免扰乱了学生的读书。"

你听见这样的开始，一定会心想："莫非演讲者在开玩笑？这真是古今奇观，天下真会有这种事？"于是演说者就在你紧张怀疑时，接着往下解释了。

我又曾听过有人这样开始他的谈话："你知道吗？现在世界上还有 17 个国家尚未取消奴隶制度。"

这样一说不但立刻引起听众的好奇心，而且还能使听众大吃一惊地问道："什么？奴隶制度？目前？有 17 个国家之多？在哪一洲？这倒是一件稀奇的事，非听个明白不可。"

要听众帮你思索问题

还有一个值得称道的演说开始法，你可以先提出一个问题，请听众来帮你共同思索。比如说："大轮船果真不能驶进钱塘江吗？为什么不能驶进钱塘江呢？钱塘江难道不能通航吗？"开头三句，就是三个问题，这种使用问话的方法，是一把开启听众心门的钥匙，可以使你以后讲演钱塘江试航的经过，一句句走进听众的内心去。这种最简捷的而最确切的方法，如碰到其他方法行不通的时候，你不妨常常应用。

用实物来刺激听众注意

在一个古钱展览会中，一位先生曾用两个手指拿了一枚币，高举过肩，观众自然都向他手中的钱币投以注目礼。然后，他开始演说："在场的诸位，有没有人在街上捡到过这样的钱币？"接着，他就讲述这枚钱币的稀贵和他收藏的经过。

拿一些实物给听众看,这是引起人家注意的一种简单有效的方法。这种实在的刺激物有时在知识程度较高的听众面前,也会产生很好的效果。

要说切肤相关的话

一位医师要向听众说明体格检查的重要性,但他的演说却是这样的开端:

——诸位,你们知道如果按照人寿保险的表格,你今生还能活多少岁吗? 据寿险统计学家说:你的寿命,就是你现在的年龄和 80 岁之差的三分之二。比方你现在是 35 岁,那么,你现在的年龄和 80 岁之差是 45 岁,而你的寿命,就是还有 45 年的三分之二了。换句话说,就是你还能活 30 岁……活到这样的年龄够了吗? 不,不,我们谁都想多活几年的。然而,这种表格,是根据几万人精确记录而成的,绝对不会有错。那么,我们难道不能逃过这个数字吗? 不,只要你小心谨慎保养妥当,一定不难达到这个目的。你第一步该做的就是,你得常常做一个详细的体格检查。

在演说开端,讲些足以引起听众切肤感受的话,这是演说者应该熟记的秘诀。

图画放大可使听众更加注意

心理学家郝巴德有一句名言："把图片放大了,可使人家更加注意。"我们在演说的时候,有时不妨夸大一点,听众只会感觉到兴趣,决不会批评你过分。比如你参加植树运动演说,你要说明"保护森林的重要",而在场听众中,如果有一位印刷商王先生,他的业务是与木材的浪费有着重大关系;还有一位银行家李先生,因为浪费的木材间接影响全国人民财富,那么,你就不妨大胆地这样开始说:

——现在我要讲的题目,对于王先生的印刷业以及李先生的银行业务都有着极大的关系。并且对于我们生活必需品的价格,以及房屋的租金,也都发生重大关系……这不是很能惹引听众注意吗?

报道惊人事实

报道惊人的事实,可以惊醒听众的白日梦,抓住他们的注意力！某位演讲者要说明"无线电的奇观"，他劈头竟这样说：

——你们晓得吗？纽约的一只苍蝇，在玻璃上爬的声音，用无线电传到非洲的中部，会产生像"尼亚加拉"大瀑布般的巨响。

不妨讲一段新闻

有的演说家往往利用一段新闻作为开端，他可以这样开始：昨天，当火车……经过离此不远的一个城镇时，我亲眼看见发生了一件极有趣味的事情。

你欢迎这样一个演说的开端吗？只要你的报道的确是一件极有趣味的事情，谁不愿意仔细聆听这件有趣的新闻呢？不过，这一段新闻必须十分自然，毫无捏造的痕迹，使听众觉得好像私人间讲故事时一样的感受，如果有了捏造的痕迹，那就完全失去它的价值了！

看演讲者怎样的讲法

有一次，一位画家代学生修改图画，学生看了惊异地说：
"老师，你稍微改动一两笔，便和我的原作完全两样了！"那
位画家笑着说："艺术本来就是从这些微细的地方起点的。"这
理由正和演说以及弹奏钢琴一样——任何题材，讲得好与不好，
完全看讲那件事的人怎样讲法，并不在于所讲的是什么。

所以，演说者必须密切注意开始的第一句话，如果讲得不妥
当，即使全篇的内容很好也是徒劳的！相反地，如果开始强而有
力，全篇演讲也就充满了力量！

注意你的演说，注意你站在听众面前要说的第一句话！

人们大都爱听故事

人们大都爱听故事的，尤其爱听演说者述说他自己亲身经
历的故事。已故美国名牧师凯威耳，曾把他那篇《遍地黄金》演

说达六千次之多，这篇著名演说是这样开头的：

——1870 年，我们沿着底格里斯河而下，走到巴格达城时，便雇了个向导，领我们去看西波里斯、巴氏仑……

接着他把这个故事逐步讲了开来。这真是能够抓住听众注意力的最好开端，而且这种开端，简单明白，不易失败。它进行得十分灵活轻松，能使听众不知不觉地随着它走。因为他们都希望知道后来到底发生了些什么事，所以都能平心静气地听他讲下去。

进行式的谈话

一个善说故事的人，他会这样开始："在沉寂的空气里突然听到一声尖锐的手枪声音。"

或者这样开始："我要说一件偶然的事，它的本身虽然十分渺小，但是结果却严重得出人意外！这个故事，发生于 7 月初，纽约的德安旅馆中……"

我们应该注意：这两段谈话的开头，都用了"进行式"，使你对后来的情形十分关心，使你急忙要听下去，希望更详细地知道整个故事的原委。即使对于一个从未受过训练的演讲人，如能运用这种讲故事的技巧，来激起听众的好奇心，那么他的演说，也不难获得成功。

何不引用名人格言

　　名人说过的格言,永远具有引人注意的力量,所以,适当地引用一句名人说过的话,实在是演说开端的最好方法。某一位演说者的讲题是:"事业怎样成功?"他这样开始:

　　——著名心理学家郝巴德说:"全世界都愿意把金钱和名誉的最优奖品只赠给一件事——就是创造力。创造力是什么? 简单地说,就是不必人家指示,而能够做出极确当的事。"

　　这段演说词的开头,有几个特点是值得称道的,它的第一句话就引起听众的好奇,使听众愿意听下去,再多知道些。演说者如果在说完"只赠给一件事"的后面,能够十分巧妙地略停一下,那更会使人迫不及待地要问:"把最优等的奖品赠给了谁? 快说,也许我们不以为然……"它的第二句话立刻把听众引进了题目的中心。第三句是问话,更可以引起听众的思索,而使听众愿意参与讨论,第四句给创造力下了一个定义……接着演说者举了一件有趣的事实来证明创造力的可贵。像这样巧妙的开端,依你的评判,应不应该加以称颂呢?

没有幽默天才切忌假幽默

　　一个初次登台演说的人，常常以为他应该像一个演说家那样带有幽默性，即使他在平时，言行严谨得像"百科全书"一样。但是，当他站在讲台要讲话的时候，一开始就想先讲一则幽默故事，尤其是在饭后举行演讲，更易发生这种情形。结果，他自以为十分得意的作风，竟会使听众感觉到像读字典一样的乏味，他的故事，根本不曾引起人家的兴趣。

　　一个舞台上的演员，如果他对戏剧的观众说了几则自以为幽默而实际上乏味的故事，他立刻会被喝倒彩而驱逐下台。当然，如果演讲台下的听众，因为具有同情心而在表面上克制着，或不致对演说者发出嘘声，心里却不禁要为他的演说失败而同感失望！

　　在整个演说中，没有比引起听众高兴的发笑更为困难了。幽默是一种十分微妙的事，和一个人的个性有着密切的关系。有的人，生来就有这种天才，但有的人却没有。一个没有幽默天才的人，如欲勉强做得幽默，正如一个蓝色眼睛的人想把他的眼睛改成黑色一般的不可能！

　　要知道，一个故事的趣味，很少会在故事的本身，之所以有趣，完全得看讲故事的人，是怎样的讲法。100 个人同讲一个幽

扣人心弦的演讲开头

057

求　知

　　在学校里常有这种现象:学习成绩拔尖的学生,并不一定是能力最强的人;有的步入社会后,更是与学校的表现大相径庭。人们通常把他们中的某些人称为"书呆子"。"书呆子"头脑中装满了知识,却显现出呆气,其根本原因在于没有有效地将所学的知识转化为自身的能力。诚然,知识诱发智慧,是打开智慧的钥匙,但它从来就不等于智慧本身。

默的故事,中间就有 99 人是要失败的。如果你确知你是一个具有幽默天才的人,那你就应该努力培养你这份天才,使你无论到什么地方,都加倍地受人欢迎。但是,如果你的天才不在这方面,那么,你硬要去学幽默,真是"东施效颦",愚不可及了。聪明的演说家们,从不会为了只想幽默而讲过一则故事。幽默有如糕饼上的糖霜和中间夹的馅儿,而不是糕饼本身,所以只能巧妙地穿插一些在演说里面。例如,驰名美国的幽默演说家利兰,替自己定下一个戒条,在开始演说后的三分钟内,决不讲述故事。这个戒条,很值得我们效法。

开头不必严肃得像巨象般呆笨

难道演说开头就应严肃得像巨象般的呆笨吗？不，如果你能够，不妨在开头先引用几句名演说家说过的话，或是谈一些涉及当时情景的事使大家发笑或是故意夸大地批评一些矛盾的事。这样的幽默，比引用平常那些引人发笑的故事，有更多的成功机会。

造成发笑的最简便的方法，是讲一些关于你本人可以笑的事件，把你自己说得十分可笑，而又装得好像有些发窘，那时听众的心里，恰如见到一个人被果皮滑了一跤，或一个人正在拼命追赶他那被风揭去的帽子一般，觉得十分好笑。

要不得的谦词就是废话

我在前面已经说过，对听众不必说道歉的话，什么对演说毫无经验，什么事前没好好预备，什么只能勉强敷衍……这种谦词,真是滑稽的错误,绝对要不得的。英国文学家吉柏林先生有一首诗,开头就是"再讲下去都是废话了!"这正是听众听到演讲者开头就说那些谦词的感觉,因为他们绝非跑来听你一篇紊乱枯燥的演说!

然而,第一句究竟应该讲些什么? 我可以老实告诉你,我实在没有能力替你解决这个最困难的问题,如果你一定要我找些材料来答复你,结果只会害得你走上弯曲的路。因为这全得由你自己观察你的听众、你的题材,以及当时的情况再决定。至于详细的举例说明,我们留在后面另章讨论。

不要对人用命令口吻

同时要注意的,对于你的听众,切忌用命令的口吻说话。即使你要人家遵照你的意思去做,也应该用商量的口气。譬如:"我要你这样那样"的话,不妨将语气改变为:"你看这样做好不好呢?"假使你要秘书写一封信,你把大意讲了以后,需要问一下:"你看这样写是否妥善?"等秘书写好后,你看到需要修改的地方也得用询问的语气:"如果这样写,你看怎样?"你虽然站在发号施令的地位,可是该懂得你的秘书是不爱听命令的,所以不应该常用命令的口气。对你的秘书尚且应该如此,何况是面对你的听众呢?

又如一个盛夏的中午，一群工人正在休息着，一位工头走上去把大家臭骂一顿说，拿了工钱不做事是不对的！工人们畏怕工头，当然立刻站起来工作了。可是当工头一走，他们便又歇手了，这是一定的。如果那位工头走上去，不是用命令口吻，而是很和颜悦色地说："天气真热，坐着休息还是不断流汗。这怎么好呢？朋友，现在这些工作很要紧，我们忍耐一下来赶一赶好吗？我们干完了，早早回去洗一个澡，休息如何？"我想工人们会一声不响地忍着热去工作了，而且工作得个个满心乐意！

"己所不欲，勿施于人"是古代圣贤的明训。我们在劝导人家之前，自己须得先想一下，假如人家对我这样，我会怎样？我们这么一想之后，就知道当众指斥是很不高明的。就是两人在一起，你爽直地指出他的错误，规劝他，他还是不太甘心的。所以我们即使不是当着众人的面，也得委婉，务使对方不致难堪，这才能真正达到规劝的目的。

规劝之前先加赞誉

谁都知道，苦味的药丸外面裹了一层糖衣，使人吃到嘴里，先感到可口的甜味，容易一口吞下肚子去。于是，药物进入胃肠，药性发生效用，疾病也就好了。同样的，我们对人说规劝的话，在未说话之前，必须先来给人家一番赞誉，使人先尝一些甜，然后你再说上规劝的话，人家也就容易接受了。

让我告诉你一段美国柯立芝总统的故事：

——有一天，他对一位女打字员说："你今天这一套漂亮的衣服，更能显出你的美丽。"那位女打字员突然听到总统对她这样称赞，受宠若惊，脸孔都红了起来。柯立芝总统于是再接下去说："可是告诉你，我说这句话的目的，是要使你高兴，我希望你以后打字的时候，对于标点符号应该特别注意一下才好！"

柯立芝总统这样的说法，虽然未免太露骨一些，然而，他这种方法，亦是值得我们仿效的。因为，他知道爽直地告诉女打字员，叫她对于标点要特别注意，她心里就要认为受了总统的责备，十分羞愧，她也许会好几天不愉快，她也许要为自己辩护，说她是很小心的，因为原稿上有错误或不清楚，所以她不能负这错误的全部责任。这样一来，柯立芝总统的规劝便失败了，并且自己还遭受到一些不快。

事实上，每个人都犯着"责人则明，责己则昏"的毛病，对于别人的短处，时常施用批评。这种批评，在处世方面很容易引起别人的不满，很容易闹出意见纷争，甚至彼此有结下冤仇的可能。也许你会认为真理只有一个，自己的主张明明是对的，牺牲自己的主张而去同意人家，这不是牺牲真理而服从谬误了吗？我说不然，我们当然要拥护真理，我们当然不可牺牲真理去服从那不合理的主张，然而请注意，你在某种场合，表面上虽然牺牲真理而去同意人家，实际上对于真理并不会有丝毫的损害。所以，在这种情形下，你应该牢记这条原则："避免无谓的争论！"

要懂得察言观色

假如你正兴高彩烈地跟许多朋友畅谈的时候,突然来了一个不速之客,把你们欢快的空气搅乱了,这正如你周身发热的时候,有人在你头上浇了盆水的感觉,这种不知趣的人,便是不懂得察言观色,人们在背后一定会轻视地骂他冒失。所以我们每次接触对方时,必先看看四周的环境,并明白他近来的生活情形如何,倘如他正是得意的时候,你不可在他面前先说不得意的话,这准会使人讨厌你,俗语说得好:"得意人面前,不说失意话!"

解决争辩的最好方法是避免争辩

但是,往往你到了不得不和人家争辩的时候,你该怎么办呢?又假使你察言观色觉得不方便与对方争辩时,你又该怎么办呢?我劝你还是"让人一步"吧!因为有许多问题,倘若置之不问,不加争辩,到后来自然会得到解决;正如有许多信件一样,倘若置之不复,就等于已经答复了。

曾有个成功的人物,他有一只特别的抽屉,在这抽屉中,闲置着许多他感觉难于回复的信，他不时地去翻检这只抽屉，往往发现大多数的信件，已经因时日迁延，等于答复了一样。所以我告诉你一个秘密："解决争辩的最好方法，常常是避免争辩！"

请别人评判自己的意见

你应该明白，要勉强别人承认自己是错误的，只有那些无经验的孩子或庸才，才会采用这种笨法子。但我们常常看见有许多真正伟大的人物，总很谦虚地请别人评判自己的意见，因而获得别人的赞成。以谦虚的态度表示独断的见解，对使别人信任我们的意见及计划而言很有效用，我们知道多数成功的领袖，常常应用这个策略。

有的时候也需要争辩，比如两个喜欢辩论的朋友，经过一次辩论，也许是对于双方都是有益而愉快的。美国威尔逊总统曾经对鲍克接连问了一小时的问题，使得他不得不拥护在他自己看来绝对相反的意见。但到末了，威尔逊使鲍克感到吃惊的是：他告诉鲍克，他已经改变了主意，他已经醒悟了，而从另外一个角度去观察这个问题——这种策略，可以当作能够引发友爱的一种方式，但不可说是常例。总之，别人可能在各方面与我们表示不和洽，这是可预料到的事情，你如果认为和他辩论之后，还不能改变他不和洽的意见，你就得赶紧停止和他争辩，而把话题转到别的方面去。

避免可能引起争辩的话题

罗斯福总统对于他的反对党,往往会和颜悦色地说:"亲爱的朋友,妙哉妙哉,你到这里来和我争执这个问题,真是一个妙人。但在这一点上,我们两个的见解自然不同,让我们来讲些别的话题吧!"于是他会施出一种诱惑的手段来,使对方放弃了自己的意见,而去接受他的!

这确是一个好方法,无论那些成功的人采用什么方式去控驭别人,我们可以注意到的是,他们第一步是"避免争辩",他们的策略是以"迎合别人的意志"及"免除反对意见"来感动人。

当你碰到任何一种反对意见,你应当先考虑:"关于这一点,我能不能在无关大局的范围中让步呢?"为使人家顺从你的意见,应当尽量表示愿意做出"小的让步"的诚意。有时,为了避免这种对立,甚至还可以将你的意见暂时收回一下。如果你碰到了对于你的主要意见十分反对的人,那么最聪明的方法还是把这问题延缓下去,不必立求解决,这一方面使对方得到重新考虑的机会,另一方面使你自己也有重新布策的机会。如果冲突无法避免,必须迎头碰到的时候,就得设法让反对的人说他要说的话。同时,你即使不能赞成他们的意见,也得向他们表示你能够完全了解他们的态度与立场。

应该再三牢记,辩论是无益而有害的事情!要劝诱人们接

扣人心弦的演讲开头

065

受你的意见,切不可勉强他承认他自己的意见是错误的;要避免无谓的争辩,应当先避免可能引起争辩的话题。在一般情形之下,你的意见应当以谦逊态度说出来,使人赞成,不可表示一种肯定的态度,以免引起别人的反感。

不要给人失望受窘

遇着部属有所申诉而特地来拜访你的时候,不要使他失望,应当使他情绪舒坦而不窘迫,同时也该让他知道你很愿意听取他的话。

一个真正的领袖,他应该牺牲自己的虚荣心。如此在他的四周,就能发现能干的助手,以及有力量和肯帮忙的友人。反而那些勉强成名的人,不喜欢提拔人,因此,凡真能帮助他并有坚强意志、真才实学的人,都和他绝缘了。

记住,当你选择助手和朋友,以及和他们往来之际,要时时牺牲你的成见和你的虚荣心,努力去寻求在某方面比你能干的部属,隐去他们另一方面的短处,把你所发现的长处加以表扬,并挑选他来做你的朋友!——要使自身光荣,最稳定的法子,就是先让别人比你还要光荣。

一个真正的领袖,不但对他的部属要敬重有加,就算他的部属犯了过失,也要替他们承受谴责。你要求部下对你忠诚,就必须这样做!

如何安排动人的内容

——如果你想成功,非先竭力使你的话,确有一吐的必要不可!

——我劝你讲起话来,不应该单是报告一些事实,还该表明对这事实的态度。

——成功的演说家,大多是富有活力的精神抖擞的人,他具有超越的爆发力,把他内心的情绪爆射出来。

人们最感兴趣的三件事

世界上最有趣味的三件事是什么?我的答复是性欲、财产和宗教。这三件事情,第一件,我们靠它制造了生命;第二件,我们靠它维持生命;第三件,我们希望在未来的世界中能够继续存在。这三件是我们在各种事情中最有趣味的,然而这趣味还是集中在我们自己身上。

先给他一点小胜利

我们在运用这样的策略，要注意的是："诱导别人加入我们的事业的时候，应当先引起别人的兴趣！"换句话说，当我们诱导别人做一些容易的事情时，先得给他一点小胜利，当我们诱导别人做一件很重大的事情时，我们最好给他一个强烈的刺激，使他对做这件事有着一份企求成功的希望。在这种情形下，他的自尊心自然就会被引起。因为，他已经被一种成功的意识所刺激着，他就会为了得到愉快的经验而尝试一下。

已经过世的诺斯克利夫博士，当他被人询问到什么是最能引起人们趣味的时候，他的回答是"我自己"。这个答复是对的，因为他是英国最富有的报纸大王，他能知道每个人的心理。

你想知道你是一种怎样的人吗？好，我们现在谈论到你。我们先让你照一照你的尊容，使你认识一下你本来的面貌，然后再留意你的幻想。幻想是什么意思呢？让罗宾逊教授来回答吧。在他所著的《心的形成》中我们可以读到下列的话：

"当我们在清醒的时候，自己也感觉到我们脑海是在不停地思想，当我们在睡觉的时候，我们也知道是在不绝地思想。这睡觉时的思想，和我们在清醒时的思想比起来，当然显得更为愚蠢，我们常常呆在幻想的迷梦中，这是我们自愿而且是极爱好的一种思想,我们随我们思想的轨道进行,这轨道是由我们的情感所决定的。"

"世间不会有比'我们自己'更感趣味的对象了,所有一切不加约束和指导的思想,都环绕着我们。如果你留心去观察自己和别人的心的趋向,这是十分有趣同时也十分可悲的。"

"我们的幻想,是我们主要性格的指数。这些幻想,足以影响我们自尊自大的一切思索。"

所以,你应当记住,和你说话的人,他如果不想到自己的事业和职务,那时大都是在想自己的光荣和正直。人们对于自己的小事,比不论哪种重大的事都要关心。他们对于自己刮脸的刀片钝了不能刮胡须的事要比在某处飞机失事的事件还要关心。他自己的脚趾肿痛,比在南美洲的大地震更重要。他听你谈论他本身的得意事件,比听你谈历史上的一切伟大人物的事迹更为高兴。

缺乏一种精神活力

我告诉你一个小故事:有一个青年,曾向法国的大哲学家伏尔泰喊道:"我需要活着!"但是,那位大哲学家的回答竟是:"我看不出你有活着的必要!"——事实上,你所讲的话,如果用这位哲学家的态度来观察,听众会觉察不到你有该讲的必要。因此,如果你想成功,你非得先竭力使自己的话确有一吐的必要不可。

我曾见过一个练习演说的人,他的脑子有不少精确的题材,然而他每次讲起话来,却是死板而无生气。原因在于他不能把藏在脑中的题材和他热烈的兴趣交织起来,换句话说,他缺乏一种精神的活力,他对于自己所要讲的话,总觉得好像没有一说的必要,自然,听众也就更感觉不出他的重要了。我常常在他讲话的时候,设法提醒他多放出一些活力来。但是,结果好像从冷的电扇吹出热气来一样毫无效力。最后我说服他了,使他知道自己所用的准备方法是错误的,我使他相信一种事实,那就是理智和情感必须像电信般的互通。我劝他讲话时,不应该只是报告一些事实,还要表明他对这事的态度。不久,他果然把有价值的意见讲出来了,又过了一段时间,他已废寝忘食地酷嗜演讲。现在,他的演说已大为听众所称誉,这是一件成功的例子,成功的原因就在他演说的时候能够产生热诚的缘故。

我在前面早已说过,预备一篇真切的演说,绝不是把一些机械的字句写到纸上,也不是片面地记忆成语或是到报章杂志采取一些人家的意思就完了,应该从你自己的内心深处,去发掘一些真正属于你自己的信念和热诚。请记住:"属于你自己的。"你有这分潜力的,只要你努力去发掘。

詹姆斯教授曾说:"一般人大都把智力发掘不到百分之十出来,这好比买了一辆八只汽缸的汽车,结果仅有一只汽缸可以用来行驶,真是可惜!"

一篇演说最着重的,并不是枯燥的词句,而是演说的精神活力,以及词句背后的自信力!记得10年前英国下议院议员谢粹丹攻击哈斯廷的那篇著名演说,被当时在场的大演说家毕特传克斯等人公认为英国有史以来演说中最流利的一篇;然而,谢粹丹认为他演说的最高价值,还是在于他的精神。因此,当某书店拟出 5000 元代价向他买那篇演说的出版权时,被他一口拒绝了。那篇演说的原稿,至今已经流失了,即使现在有人买到的话,无疑的,他一定会大失所望,因为那只是一篇空洞的遗迹罢了,正如一只死鹰的标本一般。

先把自己刺激一下

有一次,一个乡下传道者,去问一位著名的牧师,怎样在炎热的星期日下午,使听教者不为睡魔所扰? 那位名牧师诙谐地回答说,只要叫人拿根棍子把那个传道者痛打一顿就好了——滑稽吗? 不,这确是一个再好没有的办法,这短短的两句话,所教给演讲者的远胜于万卷专论苦辩的书。

为什么呢? 你该知道有许多著名的伶人,都懂得在登台之前先把自己刺激一下的重要。他们有的从窗口跳进后台,并握紧了拳头向空中乱挥,好似向假想的敌人拳斗,有的想出一种使自己发怒的借口,使精神贲张,有时我看见他们在后台等候出场时,用力拍着自己的胸部。因此,我也劝告临到演说的人们,先走到隔室去运动一下,直到全身血液畅流,脸上和眼中都充满活力的光辉。又尽其可能,高声朗诵一篇诗歌,或做出激怒而有力的姿势。如果可能的话，在你演讲之前，最好先作一些安适的休息。要知道，演说得到成功，一样要用到脑力和体力。著名演说家卡尼基告诉我们："当我年轻时，曾劈过木材，也曾对听众接连讲两小时的话，我发现这两件事，同样要使我耗费不少体力！"

二次世界大战时，有一位麦伦先生对大约数千听众演讲，他大声疾呼，接连有一个半钟头，等他情绪达到顶点的时候，竟昏了过去，后来被人抬下讲坛还不自知呢。有人将他比喻为："一架穿了裤子的蒸汽机！"

不错，一个成功的演说家，大都是富有活力而精神抖擞的人，他具有超强的爆发力，能够把他的情绪爆射出来。

所以，你要逗引对方的真兴趣，你得先把自己的真兴趣逗引出来。兴奋了你自己，然后方可以兴奋别人啊。

什么话题最受人欢迎

有许多人，他们所以被人认为谈话拙笨的缘故，就是因为他们只注意于谈他们自己感觉有趣味的事情。而这些事情，也许人家是感觉到非常讨厌的。如果把这方法反过来应用，你去引导别人开始谈他所感兴趣的事情，例如关于他擅长的运动记录，他的成就等等；如果对方是一位已有孩子的母亲，你不妨跟她谈谈她的孩子。你这样做，就会给予人家一种亲切的趣味。即使你的谈话不多，你谈话也将被人认作是成功的。

　　美国最大汽车工业的巨头之一克雷斯勒，他告诉我们怎样由一个铁路商店的小伙计奋斗成功的经历，不过是应用了一个简单方式。

　　他说："其实这个方式是任何人都能运用的妙计，但一般人常常不去注意这个妙计。像我们这种依靠千万主顾的满意而成就我们事业的人，把千万个主顾看作一个主顾，是一个最好的方法，如果我们设想某一个人对于我们的思想，与我们事业的成功有着很大的关系，所以，我们就应当谨慎从事，使那一个人满意，那个人能够表示满意，千万个主顾也就自然满意。换句话说，我把整个营业的对象设想成为一个人，这一点，并没有什么深切的意义，但在相当的时候，就能决定你事业的成功。严格地说起来，这不是一个人的满意，而是所有人的满意！"

　　由此，我们可以知道克雷斯勒平时深切地研究过他主顾们的趣味和需要，他挑选一个典型的主顾作为对象。而以他的观点，他的虚荣心，他的道德，去计划他的事业，去实施他的工作及努力方针。克雷斯勒深深知道，凡需要对付一群人的人，无论商人或教师，宣传员或工厂管理员，编辑或作家，银行家或制造家，呈现在他们眼前的，就是他们需要感应的人群，常常只是一片朦胧，变化无端的形象。所以，无论哪一个人，要想以千万人为对象，要清楚地想出一个对付的方法来，事实上是不可能的。倘若你这样做，结果，只是常常被自己的需要及兴趣所左右，而不能接受别人的需要及兴趣来成就你的事业。因此，如果你不能把千万人当作一个整体的单位来观察的话，那么，你对于所要领导的人群，将完全不能了解。要挽救这种错误，克雷斯勒建立了一个简单的标准："以一个典型的男子,一个典型的女子,来代表他全部的主顾!"

有一个成功的广告商,也曾经运用同样的策略。在他办公桌上陈列了各色人物照片,分别代表他所要应付的几种典型,其中有农夫、商人、淑女、女学生……这样他的思想才得常常集中在别人的种种问题及兴趣上,而不至于拘泥在自己的观念中!

永远引人注意的题材

你如果讲述一些呆板式的理论,说不定会令人生厌;你要讲述一些普通的人和事,也不大容易抓住听众。

以小孩为例,要使他们感兴趣,一定要讲一些关于人的故事。如果一讲到抽象不切实际的事实,那七八岁的孩子就会在座位上顽皮起来。有的向人做鬼脸,有的投掷东西到甬道中去。不错,因为他们是小孩,缺乏理解的能力,可是欧战的时候,某军队中所施行的智力测验,有一件惊人的事实,就是美国人的智力年龄,百分之四十九仅约 13 岁左右的儿童。所以,如果一个人讲一篇趣味的人类故事,他是不会失败的。几百万人爱读的美国杂志、侦探大观、星期六晚报,便是靠这一类文字来吸引广大读者群。

又如一般的演说家,讲述内容丰富的人生故事,那一定是可以动人的。演讲的人，应该提出不多的几条大纲，在讲完之后，就引用实例来详加解释。要是可能的话，最好还要讲述人们的奋斗史，讲他们怎样在斗争中获得胜利的故事，因为对于"奋斗"和"竞争"，是谁都感兴趣的。西洋有一句成语，说是全世界只爱一位情人。其实，全世界所爱的只是一场恶斗而已，大家都想看哪两位情敌不顾生命而去争夺一位美女。试看每部电影，放映到那位英雄克服了一切障碍，而且把爱人拥抱在怀里的时候，一般的观众，都戴帽穿衣而预备散场了。这一个公式差不多每部杂志上的小说都是按照这个方法而写作的，使读者喜爱的那位英雄或女英雄，有一番热烈的奋斗而获得了成功。

一个人在事业上努力挣扎而获得了成功的故事，肯定是永远动人的，可是世上最好的故事题材，是每一个人一生中的真实经历。因为谁不曾有过奋斗和挣扎呢？如果他的故事是真实的，讲出来一定很动人，这是毫无疑义的。

要说得"历历如绘"

在许多足以引人入胜的方法中都有一种十分重要的技巧，常常是被人忽略了。即使是一个演说者，往往也对之不大感觉到，或是他们根本没有去思索过。这种技巧是指什么呢？那便是所谓的"如画一般的字句"。一个会讲话的演说家，他会使他的话像一种景象浮映在听众的眼前,不会讲话的演说家,只是笨拙地利用模糊、平淡而无声无色的一些东西把你催眠入睡。

我们再来回忆那段尼亚加拉瀑布的文字,在那段文字里每句像是图画一般地跳跃在你面前。如像"25万块面包"、"60万只鸡蛋越过了悬崖"、"变成一块巨大的鸡蛋饼跌落到湍流的瀑布中"、"从织布机上织下来的白布,能够有四千尺的宽恰等于尼亚加拉瀑布"等等,这不是一页页生活的富有现实性的图画吗?

像这样的演说或是所写的文章,人们一定会像关注电影一样加以注意而感兴趣的。

英国大哲学家史宾塞告诉我们能够像图画般鲜明的文字,是有一种超越能力的,而足以吸引人们的注意。他说:"我们思想的时候所想到的,不是一般的事而是某一件特殊的事,我们要避免说:'这和一个国家的风俗、习惯、态度的残暴性是成正比例的,那个国家的刑法,也应该要特别严厉。'我们应该换一种说法:'这和该国人民的爱打仗、斗牛、搏狮等风俗成正比例,他们招致了罪,应该受火烧、烤打的死刑。'"

在圣经中,以及莎士比亚的名著里,构成像图画一般的名词,正像蜜蜂围绕着苹果酒制造厂一样的众多。一个普通的作家,他叙述某一件事是多余的,可是莎士比亚怎样表达他同样的意思呢? 他用了像画一般的不朽的字句,说:"把真金再镀一层,把百合再染色,把紫罗兰再洒上香水。"这真合了中国的成语"画龙点睛"了。

林肯是惯于用视觉名词的,当他在白宫被长而繁的各种报告窘迫的时候,他说:"如果我派一个人去代我买一匹马,我并不希望他来报告我那匹马的尾毛共有几根。"这是一句生动得像画一般的字句,你能忘掉吗?

适合自己的口味的报纸决不能销行

请听一位名编辑的经验,他告诉我们怎样把读者视成一个"横剖面"。他将读者依收入的多寡分做四级,另派了 10 个人去和 400 个各阶级的男女读者作个别谈话,征询他们在报中注意些什么材料,最喜欢什么文字。然后把这些人所说的话分析并总括起来,最后,照着总括的结论去采访和写作新闻。他说:"我们正如在黑暗中射击一些变幻不定的东西,倘若我印行了一份适合我自己的报纸,那是绝不畅销的!"

另一位名编辑告诉我们:他常常混杂在闹闹嚷嚷的人群中,漫步在石阶边听妇人们闲谈,或是在人群边驻足休息,很敏锐地静听他们谈话的内容,而确定他编辑的方针。

这些成功的人,都是这样巧妙地运用各种方法,去研究他所要影响的一些人。在社会上,你要使出你卓越的交际手腕去驾驭别人,或是想要写出一篇演说以真正打动听众的心扉,告诉你一个秘诀,那便是:"探索别人的意见,然后永远牢记在自己的心里!"

《美国杂志》怎样获得两百万的读者

　　《美国杂志》在几年前突然畅销起来,真是使整个出版界惊天动地的一件事。所以致此的原因,完全是已经过世了的约翰·薛德尔主编一人的功绩,他曾说:"人们大都是自私的,他们所感觉到的兴趣,主要的还是在于他们自己。他们不会注意到铁道是否应该收归国有,却极愿意知道怎样向上爬? 怎样使自己

潜　　能

　　数千年来,人类一直认为,4 分钟跑完 1 英里是不可能的事。但在1954 年,罗杰·班纳斯特就打破了这个信念障碍。他之所以能创造这项佳绩,一得益于体能上的苦练,二归功于精神上的突破。在此之前,他曾在脑海里多次模拟 4 分钟跑完 1 英里的过程,长久下来便形成极为强烈的信念,他果然做到了大家都认为不可能做到的事。但谁也不曾想到,就在班纳斯特打破纪录后的两年里,竟然有 400 人进榜。这一现象告诉我们:能力往往是一种心态。我们能做多少,这和我们自己感觉到能做多少有关。倘若你出自内心地相信自己能做得更好,那么你的心灵就会进行创造性的思考,并向你展示取胜的方法。

的身体健康？怎样可以获得更多的薪金？如果我当了美国杂志的主编，我一定要告诉人家怎样去注意他们洁白的牙齿？怎样去沐浴？夏天怎样去乘凉？以及怎样去找寻职业，对付属员，购买地产，以及其他关于个人的一切。因为人生的故事，人们永远是听不厌的。所以，我打算请富人们来详细地讲述他们经营地产怎样由艰苦而达到成功的故事。"

不久，薛德尔真的做了《美国杂志》的主编了，当时该杂志的销路并不广，因此他就照他所说的实行起来。结果是销数得到了惊人发展，由20万而30万，40万，50万……不久就达到了100万。不久又到了150万，最后是达到200万。但未来的销数并不到此为止，一年年地仍在增加，这是因为薛德尔能够迎合读者自我趣味的缘故。

决心寻找顾客满意的新方法

一位小杂货店的老板，他运用了一种从没有人用过的新鲜方法，他的方法很简单，他只是决心去寻找使顾客满意的新方法，他不时地发明种种革新的办法。他常对人说："我永远地存着这个念头，精心地研究那些顾客的心理。"每一件货品都有一个划一的价格，这是他打倒全城旧商业习惯的许多著名方策之一。因为当时该城的商店都盛行讨价还价，但究竟顾客们是不是都喜欢还价呢？是不是都需要这样还价呢？他断然地说："并不。他们实在是需要一个划一价格的！"研究顾客心理，是他事业成功的基础。虽然他的铺子已扩大到像一座百货迷宫，他仍旧每天在铺子里巡行一周，亲自去款待一些顾客，料理一些人们不满的意见。

你的话不要被迫而发

有一位节约运动的宣传者告诉我，起初他演说的时候，不过是贪图一笔薪金，因此自己毫无兴趣，所讲的话，都是被迫而发的。因为，他并不热切地感觉有节约的必要！后来，他无意中看到了一篇统计，说全国百分之八十五的人死后，没有财产留给子女；百分之三的人，留给子女仅够温饱的财产；只有百分之一的人，留给子女巨大的事业基础。这使他的心温暖起来，对于节约问题渐渐感到兴趣。他立誓要规劝人们节约，替这些人打算，老了有肉有饭吃，有衣穿有屋住，并使他们的家人有生活的保障。他觉得自己并不是在做一件被迫做的事，而是正在做一件重大的社会事业，好像是宣传救世的福音。之后，当他再出去演说时，讲词洋洋洒洒，十分动人。结果他的宣传演说，每次都能引起许多人的注意。

我研究林肯一生所作的公开演讲，觉得他是美国历来最受人爱戴的人物,他曾发表过美国最好的演说。这固然因为他的天才,然而,我认为一大部分的力量,还是来自他对听众十分亲切!他成功的诀窍,就是绝对效忠听众。正如他自己所说的:"我爱他们,我觉得我和他们十分亲切!"

怯懦会使人对你失去信心

还有很重要的一点,一个演说者的谈话,必须有自信心和决断力;当然"决断"并非"武断",那些专爱在每句话的前面,加以类似推脱责任的"或者""我觉得""我的意思"等话语的演说者,只会显出他是一个怯懦的人!初学演说的人最易犯的毛病,并非过于武断,倒是容易用怯懦的话减损语词的力量!

比如有一位商人讲述他乘汽车漫游途中的见闻说:

——在道路的左面,"似乎"遍地种着洋葱!

有就有,没有就没有,何必说什么"似乎"?路旁遍种洋葱,是一目了然的事,根本没有用"似乎"的必要。从这一点上,可以看出一个拙劣的演说者,常常会讲出非常可笑的话来——话中有了怯懦和谦恭,不但因此失去了自信力,也使别人对你失去了信心!

坚决而大声疾呼

古今中外的大领袖，无不以自己的意见，坚决而大声地训导民众，好像谁也不能指出他的话是无效的。

释迦牟尼临死的时候，他既不用规劝的口吻，也不悲叹，更不辩论，只用当权者的口吻说："照我的命令去做！"

囚犯问保罗："我怎样能得救？"保罗确定而有力地回答："相信你的主耶稣。"他不用强辩或是双关语，或是"我以为""我想应该这样"一类的词！

应避免盲目的武断

不过，演说者也应避免盲目的武断。因为在某些时候、某些地方，在某些问题中和某些听众面前，武断的话说得太多，反而是有损无益的。就一般而论，听众的知识水准越高，用武断的话越难成功。有思想的人，他们愿被引导而驱使，他们愿意事实在他们的面前,由他们自己来作结论;他们愿意被人问起,不愿意随便接受许多武断的话。

预先设法迎合对方的意见

凡是成功的人,他们特别会注意,总是尽量预先留心别人的观点。他们的行动,都是从有利于他们的计划及兴趣中发生的。但是他们得预先去控驭那些不适宜于他们的计划,这样才能避免种种艰难而达到成功。总之,在陈述你的意见及计划之前,你必须尽可能地去研究一下别人的观点,心里还要记住各种有效的方法,如果可能的话,还得试行预测别人的需要,趁对方没有说出之前,或是对方尚未自觉有此需要之前,就设法预先迎合他!

预播意见的种子

有许多人常苦于自己的意见不被采纳,其实是由于自己没有明了"自己的意见应该怎样才能被人采纳的方策"。比方说:

"如果我们的上司是一个目光炯炯、思想古板的老怪物，我们要贡献意见，我们就得先思索一下，我们贡献的方法错了没有？"

凡是领袖人物都知道，要人们采用你的主意，通常是得不到什么报酬的，甚至当时也不愉快，以后所得到的可能只是一种权能——"驾驭人的权能"。所以有才干的人，常常是情愿牺牲他个人的虚荣心，来求自己的主意被采纳并付诸实行。他们所感到兴奋的只是得到一个使别人对于他们的主意完全信任的机会。

有一位工厂的厂长，就是这样的人。当他要在工人中施行一个毫无危险的计划之前，他常常先在少数工人及管理员中，种下他所谓的"意见的种子"，让他们先去互相讨论。以为这是他们自己提出的计划，而后再按步去实行。

抓住听众的趣味

英国大政治家马可来，他怎样去评定英王查理一世的功罪？马可来不但用着像画一般的字句，而且还用着对比的方法，差不多永远能把我们的趣味抓住。请你看看下面的一段文章：

我们向他责备，说他不能遵守即位的宣誓，可是我们却听到了一种传说，说他对于结婚的誓约是十分遵守的；我们向他攻击，说他把民众交给了那残暴的主教，然而，有人曾幽默地为他辩护,说他把幼子抱在膝上吻着;我们向他非难,说他破坏了他所允许的民权请愿书,但我们却又听到人家说他每晨的 6 点钟必定做着祷告的。我们可以相信,他的维戴克式的花边衣领,和那美丽的面貌,尖尖的胡须,他的伪善,他的外表庄严的假面具,使他在现世纪受到不少盲目者的爱戴。

使他们畅谈趣味的事情

某银行的总经理贝君,他的出身是个银行小书记,虽然他对于银行的业务很熟悉了,但无论如何也够不上开办银行的资格吧!他自己说:"以我这样一个小职员,来替那些比我富豪得多的人做经济顾问并创办银行,这真是太狂妄了!"原来他那银行的创办,完全是靠别人帮助的,他的秘诀即是从"让别人说话和倾听人家说话"中,引起别人的注意而得到帮助的。他自己曾说:"有一次我很吃惊地发现,那些老年人都很高兴和我谈些他们感到趣味的事情;在谈话之后,便拿出资本给我开办银行,并叫我做总经理。"贝君能够取得老者良好的印象,就是利用使他们畅谈自己所感到趣味事情的秘诀,创办了大规模的事业。

美国人,曾做过代议院长的朗华士,他在办公室中接见客人,也是用这个方法。他和每一个客人低声谈话时,总是他倾听客人的说话的时候多。常常有许多人告诉他种种事情,这些话,都是那些客人所不能自禁的。因为他几乎和每一个人都进入谈话重心的关系。有时,如果有口才不佳的客人来拜访他,他总在谈话中广泛地牵涉许多话题,直到他的客人感到最有兴味的题目为止,然后他就静悄悄地坐着,倾听客人的话了。

有一本会谈术的书,对于这种策略也曾经这样说:"在与不认识的人谈话的时候,应当多用试验的语句,以种种的暗示为饵,直到对方找到他特别感到兴趣的题目为止。"总之,这个策略是我们折服人家最有效的方法。

只要把自己附属于一个有背景的地位,就可以显出你对于别人有着至诚的兴味,而使他乐意滔滔不绝地讲出他的思想来。

其实,这是多么简单的一种对策啊!但是许多人常常忽略了,不肯在这方面加以研究,往往当别人兴高采烈谈着自己兴趣的话题时,并不把至诚的兴味表现于颜面,反露出使对方觉得乏味的神气,结果,必然招致失败了!

还有一种人,常常喜欢对听众的事务或癖好表示意见,这反而会使听众憎厌。但是,一味地迎合听众的意志,而不说出关于你自己的事情或癖好的话,虽然你自以为你所知的和思想会引起听众的好印象,但这也仍旧是愚笨的方法,因为你仍然没有引导听众到真感兴趣的问题上去。

还有一点,也是应该特别注意:假使你遇到一个不大喜欢说话的人,你不妨列举一些对方所熟悉的事情,故意地发表一些错误的见解,也是引导别人谈话的好方法。因为不引起对方谈话,便不能明了对方的意思,就没有办法使人对你表示至诚和佩服的!

怎样猎获目的物

雷特是《纽约论坛报》的编辑,他正在物色一位有才干的助理编辑来帮助他成名,并且帮助报馆主人格利莱成为这份大报的优秀出版家——所以,雷特正在狩猎,想捕获一个帮助他成名的编辑人物。

雷特的猎枪正瞄准着年轻的约翰,那时,约翰刚从西班牙首都卸除了一个外交职务回来,预备到伊里诺州去从事律师业务。雷特虽然将目标都集中在约翰的身上,但怎么能够使这位有为的年轻人,抛弃自己的计划,而在报馆里屈就一个编辑的职务呢? 原来,雷特请约翰到联盟俱乐部吃饭之后,提议他到报馆去玩玩。然后雷特从许多电报中间,找到了一段重要的消息,借口当时恰巧国外新闻编辑不在,对约翰说:"请坐下来,给明天的报纸写一段关于这消息的社论吧!"约翰自然不好意思推辞,提笔就做。那篇社论做得很好,格利莱也通过了,于是雷特请他再耽搁一星期,一个月,渐渐地劝他担任一个编辑的职务,于是约翰在不知不觉中就放弃了回乡做律师的计划,而留在纽约做新闻记者了!

雷特凭着这样的策略,猎获了他的目的物。事前他一点也没泄露出他的意见,他只是劝诱约翰写一篇社论,结果目的却圆满地达到了！每个领袖人物,皆深知这种策略,这是使人合作的重要策略。

集中你的注意和思想

预备一篇演说,就算把一些没有错误的句子写出来,你都能记住吗?非也,它是堆积一些表达你自己的偶然思想吗?绝对不是。事实上,它是聚集"你"的意见,"你"的信念,"你"的努力,而且成为你的思想。每当你醒着的时候,都有它们的存在,它们甚至爬进你的梦境。总之,你整个的存在已装进了这些情感与经验。这些东西深藏在你的下意识的心里,如海岸的石子一般雄厚。预备的意义就是去思想,去斟酌,回想并选择最引你兴趣的,用这些润色素,将它们改成另一种型式,一种属于你自己的作品。这并非一件很困难的步骤,不是吗?对了,只需要在一种目的之上,集中一点注意和思想。

限制你的主题

一旦你选定了题目,第一步要设定你需要涵盖的范围,严格地待在限制范围之内,不要犯下企图涵盖所有范围的错误。某一个年轻人试图以两分钟演讲这个题目——《从公元前五百年到韩战之间的雅典》,真是徒劳无功呢!在他必须坐下来之前,他才勉强谈到建立该城市之外的事情——一个硬要在一次话题涵盖过广的不智者。我知道,这是一个特例;但是,很多人即因没有缩小话题,而以相同的原因,失去了听众注意力的掌握——他们说话的论点实在多得离谱了。为什么呢?因为一个人的心智不可能一直集中在一连串单调的事件上。如果你讲话就像在叙述世界年鉴一般,那你将无法持久地吸引听众的注意。举个简单的话题,好比你到公园去玩,大部分的人由于热切地不想遗漏任何事物,便一五一十地把公园有的每一项景观通讲出来,听众便以最快的速度接收信息。到最后,留在听众脑海里的,只不过是瀑布、高山、喷泉等等模糊的印象。如果说者能把话题限制在公园单一的景观上,例如野生动物或温泉,那么,将更能够使人印象深刻。这样,便会有充分的时间来描述这种景观的林林总总,也才能使公园依其生动的色彩与变化,活生生地呈现出来。

任何话题亦然,不管是讲推销术、烘烤蛋糕、免除税务,或是飞弹火箭,务必在开始前就设定好题目,再把题目缩小到你可弹性调整来配合时间的范围。

在 5 分钟以内的短篇演说中,你所能期盼的,就是抓住一两个重点去发挥。长至 30 分钟的较长演说中,也很少有尝试四五个重点而能成功的。

胸有成竹就题发挥

演说中就题目表面匆匆地带过毕竟要比不断地探究事实容易多了。但是,假如你选容易的,听众便印象模糊,甚至根本没有印象。因此,缩小你的主题后,下一步就是问自己一些问题,使自己加深了解,并使自己胸有成竹地随时就题讨论:"为何我相信它?""我何时曾见过这个论点印证在真实生活上?""我到底想证明什么?""它究竟是怎样发生的?"

因此,你必须尽快地把你的题目选定。千万不要拖到你要演讲的前一两天才选定,如果你早点决定好题目,让你的潜意识为你工作,你将获得无法估计的好处。在你没有工作的许多空档时间里,你就可以构思题目,精选你将传达给听众的种种构想。

诺曼·汤玛士,是曾让那些反对他政治观点的听众都肃然起敬的出色演说家,说过一句话:"如果一篇演讲要掷地有声的话,演讲者就必须与该主题或信息共生共活,在脑海中将它反复不断地思量透彻。他将会讶异于有许多有用的例子或个案处理的种种方式涌入他的脑海中,不管是他走在街上,阅读报纸,准备上床,或是早上起床时。"二流的演说常常是普通思考之下必然不适切的反射作用和对手边的题目认识不透彻的结果。

讲话和动作都要自然

采取什么样的讲述方法是最佳而恰当的呢？那便是："准备一只水桶,打破它的木塞,让它自然流出来"！我们要永远记住,在你谈话中最重要的原则便是"你"。爱默生曾有过一句至理名言,就是："不管你用何种语言,你所能讲的,决离不开你!"这是自我表现的演讲技术中最重要的一句话,同时,当你疲倦时,不要讲话,此时,体力、脑力、精神上的休息,是你最需要的。若是一个人对他所要说的话非常恳切,并急于把自己传达出去,那么,他的姿势和讲述动作,也要达到不容批评。如果你不相信,你可以跑到一个人面前,一拳把他击倒,等他爬起来时,你会发现他的讲话,几乎是异常流利无比。

拿破仑知道,他自己明了的一种观念或知识,别人不见得就能立刻抓住。他懂得明了一种新的观念是需要时间的,全副心思须集中在那上边。已故美国大政治家伯瑞安曾说："你不能使别人明了一个问题,除非你自己先明了那个问题。你在你自己心中对那个问题愈加明了,你也愈加能清楚地把那个问题传达到别人的心中。"

让每句话栩栩如生

一位言辞动听的演说者是能够使印象浮现在听众眼前的人，而概念模糊，言辞平淡无奇的演说者，只会使听众打盹。图画、风景，它们可以像你所呼吸的空气一般任意取用，把它们散播到你的演讲中和你的日常谈话中，你就会使人更感兴趣，更有动人之处。

曾经有一位演说者讲述"尼亚加拉瀑布的伟大"，请你听听那些如画的字句，它们跳动在每句话里，栩栩如生，好像澳洲的兔子一般的密集：

——25万块面包向你猛冲过来！

——65万枚鸡蛋，越过悬崖而滚落！

——在河流中形成一块巨大的鸡蛋饼！

——白洋布从织机上流到四千尺宽的河流中！

——一座大百货公司漂在河上，坠下悬崖，摔得粉碎！

——你们可以想象一下尼亚加拉瀑布的威力如何？

人们对于像这样的演说或文章，一定如同看观赏电影一样的专注。

人是接受提示的动物

　　一个人相信一件事常比怀疑一件事容易。因为你对于某事产生怀疑，必须先对该事有相当的经验、了解和考虑。如果我们对小孩子说，圣诞老人是从烟囱中进来的；对野蛮人说，雷声是神的发怒，他们可能深信不疑，一直到他们有了相当的知识，才会产生疑惑。几百万印度人都十分虔诚地相信恒河的水是神圣的，蛇是神的化身，杀牛和杀人是同样的罪恶。他们这些思想，并不是经过了事实的证明，他们只得到古人的提示，对他有了极久远极深刻的印象。其实，如把我们深信的一切细加推究，结果大半是由于一种提示而没有经过理智的推究，这深信的判断，毫无理由可言，这只是一种不合逻辑的武断的偏见，我们所根据的只是从各方面得到的提示罢了。

　　人是一种接受提示的动物，这话谁都无法否认。如果我们生下不久，在摇篮里就被印度人抱到印度去抚育，我们长大以后，自然也会和一般印度人一样，从小就相信牛是神圣的。

　　现在我们来举一个十分平凡的例子，来证明我们每天是怎样受着提示的影响。

　　你一定读过论饮咖啡之害的文章，便打算戒掉咖啡，你在踏进店后，心中早已打定这个主意。但如这时有一个并不高明的女招待走来问你"你要咖啡吗?"你至少心里产生要和不要的冲突。虽然结果也许仍是你的自制力得到胜利。但是她说:"你不要咖啡吗?"你一定将毫不犹豫地立刻回答一个"不"字。真不知有多少不曾受过训练的售货员,常常会对顾客说出这种愚不可及的反面的建议,最聪明的售货员,她常常这样问:"你是现在要咖啡呢还是再等会儿?"这结果,常使本不想喝咖啡的你,不知不觉地说:"现在拿来吧。"原来他在这句问话中,已经表示你是一定要喝咖啡的,只是迟早问题。这样一来你的心中便不易生出相反的意见来。

引用听众已经相信的事物

某次,有一位无神论者,向英国的神学家裴莱说:"上帝根本是没有的。"他不但这样说了,而且还要求神学家裴莱提出反证的意见来。裴莱牧师十分从容地取出一只表来,打开了表盖说道:"如果我告诉你,这表里的轮子、发条、杠杆等是它自己生成的,自己凑在一处而且自己会动的,你当然将说我是在说梦话了。但是,你瞧天上的星星,它们各有固定的位置,各有行走的轨道,地球和太阳系的各星绕着太阳转,每天要走一万英里的路,每一个星完全和太阳系一个样子的,然而它们的运行,从不曾有过相碰撞、紊乱、纷扰,它们很安静、有条不紊,请问你:它们是自己生成的呢,还是有着造物者在主宰呢?"这段话说得多么动听! 这位裴莱先生所用的方法,不外乎开始时用了和人家相同的立场,使人家说出一个"是"字。假定,他一开头就向对方用责备的口吻说:"什么? 没有上帝,这真是个傻子,你自己也不明白你自己所讲的是些什么。"这样,两方面必定要发生一场严重的争执,而那位主张无神论的朋友,一定愈益固执主张了。

人们的天性,都以为尊严是很重要的,所以我们最聪明的办法,就是让人家保住尊严,而来赞同我们。裴莱牧师就是用了这个方法,他使满含敌意的人比较容易地接受他的意见,而不致损伤他的自尊。裴莱牧师,很懂得这种心理上的微妙作用,但世上大多数的人,都缺乏这种容易使他和人家携手、并使他的意见深入人家心灵堡垒去的微妙手段。他们都有一种错误的见解,就是他们一心想去占据人家心灵的堡垒,殊不知当你才开始进攻的时候,对方早已把心灵的大门紧闭,那时即使你用尽方法也休想再去说服人家了。

灵活的重复申诉

把一件事情重复申诉,也是把反对我们的意见加以阻止而不使发生的一种方法。在 18 世纪与 19 世纪之间,爱尔兰有一位大政治家欧康尼尔,他有很丰富的演说经验。他说:"要使大家能够相信并且接受一种政治的真理,只讲一两次甚至是十次是不会成功的。"他继续说:"要使政治上的真理深入人心,必须要再三的申诉,因为听众若是继续听那一件事,在不知不觉中就和这一个真理连在一起了。到了后来,他们把那一件事静静地安置脑海中,就像信仰宗教一样的不再去怀疑了。"

美以美会的创始人约翰·斯烈的母亲,她也深懂这个道理,所以她的丈夫问她为什么老把同一件事要对儿子讲上 20 次的时候,她就说:"因为我说了 19 次,他还没有学会。"

美国第 38 任总统威尔逊也深明这个道理,所以他的演说,常常应用这一方法。下面一段话中的末两句的措辞完全是第一句话的重述:"你们知道近几年来的大学生,他们并没有受到教育,你知道我们所用的教授方法并不曾教出一个人,你知道我们所有的训导也不曾训练出来一个人。"

虽然重复申诉的优点不少,但是,我还得警告没有经验的演说家,这重复申述,也是一个危险的工具。因为,假使它没有十分丰富的措辞,人们将会感到重复而讨厌。如果你这弱点被听众抓住了,他们将不能再安心坐着,时时要拿出表来看看时间了。

用特殊例证解说

当你用一般的说明和特殊的例证的时候,听众很少会感觉讨厌。因为，这是有趣而容易引人注意的一种方法，可以帮助你阻止听众产生与你相反的意见。希杜斯博士在某次演讲中说："不服从便做奴隶，服从便得自由。"他这样说了，觉得如果不加证实，那不但是不明白，而且也不容易感动人。所以又继续说："不服从水火和酸性的法律，是要被处死刑的奴隶，服从了色彩的定律，艺术家就得到了一种技能，服从了演说的定理，雄辩家可以得到一种力量，服从了钢铁学的定律，发明家可以造出一种用具。"这些解释，对他前面所说的那句话有极大的帮助，而且也很能使人感动。

又比方说："许多富人的日常生活是很简单的。"这一句话并不怎么动人，因为说得太空洞，像书本上的字，绝不会跳起来刺激你的眼睛，它不久就会在你的心中淡然消失。所以，要使你相信，最好是举出一些实例来。举了实事来让人自己去求结论，比用现成结论的力量要大三五倍。关于这种例子我们随时都可以举出许多来，譬如：

煤油大王洛克菲勒，在纽约百老汇街 26 号的办公室中有一只皮睡椅，他每天中午要在上面小睡一次。

经营好几个大公司的贝克先生，他从不曾尝可口可乐，而且在逝世前几年才开始吸烟。

已故纽约全国收银机制造厂的经理伯特生一生不曾吸过烟、饮过酒。曾经做过美国某个最大银行行长的葛德利朴，每天吃两餐饭。

钢铁大王卡尼基最爱吃的是麦片粥牛乳。

这些特殊的例子，在你脑海中发生了些怎样的效果？这不是把"富人的生活很简单"那句话讲得十分明白了吗？不是像演戏一般地表演出来，使你得到真实的感动了吗？

数字也可打动人心

有的时候,利用数字也可以打动人心,英国的政治家赖柏,曾对伦敦的城市参议会演讲关于劳工的情况,当他正讲到中途时,突然停顿,取出他的表,站在那里一声不响地看着听众,达一分钟又 12 秒之久。在这中间,别的参议员坐在椅子上感觉很不自在,都用疑惑的眼光看着他。又彼此望着,这到底怎么一回事?是赖白斯突然忘掉了全篇讲辞吗?大家正在疑虑间,赖白斯却不慌不忙继续讲了,他说:"诸位适才所感觉局促不安的 72 秒的长时间,就是每个普通工人做一块砖所用的时间。"

这个方法有效吗?那是不容置疑的,因为当时全球的新闻电报,都传递登载这段新闻,不是登载这篇动人的演说!

下面同一件事的两种说法,你认为哪一种讲得最有力?

——意大利的梵蒂冈,共有屋宇 15000 间。

——梵蒂冈的房子之多,可以让一个人每天换一间屋子,四十年也住不完。

以听众的经验来发挥

畅销美国的《演讲术》作者裴利普曾说："以听众的经验来发挥，实在是演讲术的第一要义。"裴利普又说："演讲人把他的思想熔铸在听众本身经验中越多，便越容易达到演讲的目的。"他又说："我告诉一个朋友说：'我的邻人买了一车紫苜蓿。'我这句话就使他不容易懂了。如果我接着再说：'紫苜蓿是一种草料'，于是他立刻有了对紫苜蓿的印象，不容易懂的话，就容易懂了，这就是由于解释已到了听者自己的经验范围之内的缘故。"

裴利普又举一例说："当我的一个朋友走进家里时，天空中净无片云。但是，一小时以后，我走了进去，我说天快要下雨了。他不相信，于是我告诉他，乌云已从西方堆上来了，闪电也已经看见了，风也猛起来了，这时他才相信我。我怎样使他相信我的话呢？我只不过告诉他三个事实，而三个事实，与他所经历过大风雨之前的现象是相同的，因此取得他的相信……"

所以，裴利普的结论是："参考听众的经验，就是侵入听众的生命。"

总之，当你想抓住别人的注意，而使他听信于你的时候，你应当很谨慎地从他们自己的经验及需要中去迎合他们，用他们自己的语气来发挥你的思想。——这所谓语言，并不单指他们熟悉的文字，同时还包含着他们的思想和语法。

用一些人名使演讲具有真实感

当你的故事涉及他人时，务必使用他们的真实姓名，如果你不愿指名时——就用小说式的名字。甚至也可以用与真人无关的名字，就像"史密斯先生"或"乔布朗"会比"这个人"或"某个人"更来得生动多了，这种字眼具有栩栩如生的效果。如果你的演讲充满了真实姓名与个人的化名，就可保证你所讲的具有高度的可听性，因为你已将人性好奇心的珍贵成分融入了你的演讲内容。

但是，在引用人名时，你必须牢记以下三点：

（1）要引证得明白确切。譬如：

根据数字的统计，西雅图是世界上最合卫生的城市。

根据政府的全国死亡率统计，西雅图每年的死亡率是9.78‰，芝加哥是14.65‰，纽约是15.83‰，新奥尔良是21‰。

第一例只单单说了一句"根据数字的统计"，立刻使人发出是什么统计、谁搜集的、目的是些什么等疑问，这种问题疏忽应竭力避免。因为，听众常常在防备利用数字来取巧。

"权威人士说"，这一句话是大家爱说的。然而，这一句话，却也空洞得可笑。因为,权威人是谁呢? 你必须指出他的姓名来才对;要是你不知道他是谁,那你怎么会知道他说的话呢?

说得详细而确切,是获人信任的唯一方法,可以令人了解你究竟在讲些什么。

(2)要引用"受人欢迎的"名人的话。

一个人的好恶,与自己的信仰有着很大的关系。所以,你得视听众的成分选择受人欢迎的名人的话。另外,如果你在某地演讲,最好引用该地方名人的话。这样,听众比较容易产生亲切的感觉。

(3)要引用"有资格"讲那一句话的人。

你应该先向自己这样问,这个人是不是被人家公认是这问题的权威? 到底为什么? 他是不是有些武断? 有些偏见?

譬如,演讲"关于职业应该专业化"的问题,你就可以引用钢铁大王卡尼基说的:"我相信,一个人要想在不论哪一件事业上获得成功,真实的法门,不外使你对那一项事业有一种专长,我绝不相信一个人的智力可以分散几处的。就我自己的经验来说,我只有碰到极少的人,他们能够把趣味分到几方面去。但真能在商业方面得到特别成功的人,还是因为他选取了一种职业而努力去从事的缘故。"

因为,钢铁大王是事业成功者,以他一生的经验和见解,已经有足够讲述事业成功的资格了。

用对话的方式加强戏剧效果

假设你要描绘你如何成功地用一条人性的法则去平息一位愤怒的客户,你可以这样开始:"前天有一个人跑到我的办公室,因为我们送到他家的家电只维持了一个礼拜就坏了,他非常生气。我告诉他,我们将尽一切可能来弥补这种状况。过一会儿,他平静下来,对我们有维护公道的诚意似乎觉得满意。"这段逸事含有道德的意味,但缺乏真实人名、详细的细节,重要的是,缺乏可以让这事件更逼真的对话记录。换成以下的方式也许会更充实:

上个礼拜二,我办公室的门铃响了,我一开门,看见常客布克森生气的脸。我来不及请他坐下,他就开口了:"亚得,这是我最后一次来,现在你可派一辆卡车,到我地下室把洗衣机拖出来了!"

我问他是怎么一回事。

"就是坏掉了。"他咆哮道:"衣服都搅在一起,我太太气疯了!"

我要他坐下来,好好地把话说清楚。

"我可没有时间坐下来,我上班快迟到了,早知道就不要向你们买。不过你放心,我不会再来了!"他用手拍了我的桌子,把我太太的照片都震倒了。

"布克森，听好"，我说："如果你愿意坐下来，告诉我一切的情形，不管你叫我做什么事我都答应。"就这样，他坐了下来，我们很平静地讨论着。

上文所引用的直接对话，会使观众觉得很有戏剧气氛，如果演讲者又有模仿的天分，能够学角色的声调，那对话会更加传神的。对话可以使你的演讲可信度增高，它让你感觉好像餐桌对面，正有一位真实的人在讲话，不像空谈家在学术界发表演说，或雄辩家对着麦克风大喊。

示范动作可使内容影像化

心理学家告诉我们，大概有超过百分之八十的知识是透过视觉上的印象来吸收的。因此，公开的演说也是一种视觉兼听觉的艺术。

充实你谈话内容最好的方法之一，就是运用视觉上的示范动作。你可能会花上好几个小时，告诉我如何去挥高尔夫球杆，结果我可能会感到很无聊。但假使你站起来示范如何把球挥向球道，我就会专心看、仔细听了。同理，如果你用你的手臂、肩膀来描述飞机演习的作战情形，那我会非常热切地急欲知道你所叙述的结论。

凯威耳博士的演说计划

没有一个万无一失的法则，来解决演说资料最好的排列问题。因此，要使大多数人适合的规律实在是没有的。但是，这里有几种演说的方法，在许多地方都十分有用。已故的著名传道家凯威耳博士，他说他的许多演说词的构成，大都是根据了下面的几条纲要：

（1）先把事实讲出来；

（2）再把这些事实来加以辩论；

（3）劝人们去实际地做。

学习演说的人，对于这个方案，大多感到很有用，而且还有一种鼓励性。

（1）先把一切事情的错误指明出来；

（2）然后再说出怎样可以去补救错误；

（3）请求别人去合力地做。

或者可以换一种说法：

（1）这里有一种需要补救的事情；

（2）我们对这事情应该这样、那样去做；

（3）因为种种理由，你是应该帮助的。

另外提供一种方案，说到"怎样使人情愿去实行"。

（1）获取人家感到兴趣的注意；

（2）获取人家对你的信任；

（3）讲出事实，使人对你陈述的意见加以重视；

（4）请人们真的去实行。

名演说家的准备

有人向威尔逊总统请教演说的方法，他回答："我起初要把讲的节目都写在一张纸上，再把它们列成自然的顺序——就是把这些事做骨干而加以排列，然后再用速记写出来，我惯用速记写，因为我感到方便。写完之后，我再用打字机打出，同时再修饰词句和增删材料。"

老罗斯福总统预备演说的方法又是自成一派的，他征集了确切的事实，然后再加以审查、评价，得出他自己的结论，并且感觉他自己的结论是确切而难以动摇的。然后他再把一张打字纸放在前面，一面讲一面很快地打字，因此可以显出一种自然的精神来。他把打印的稿子再读一遍，用铅笔做好记号，加以增删，再打成一篇清样。他曾说："我一切的成就，在事前都有过最确切的判断和计划的。"

他常常请批评家听他读演说稿，他不去和人家争辩；因为他的意志已经坚定到不许再修改了。他希望别人告诉他应该怎样说，不是说什么。他一再在打字机上把他的演说稿增删润泽，然后送到报纸上去发表。当然，他不能把他的演说词完全记住，所以他讲出来的常和演说稿不一样。但是，他的预备方法是可以效法的，因为他已对自己的材料十分熟悉，这比用别的方法，更能使演说流畅。

把你所有的材料都写出来，这样，可以使你去思考，使你的思路清楚，使你的记忆牢固，减少你心上的犹豫，改善你词句上的修饰。

一篇动人的演说原稿

林肯曾为一个老寡妇的抚恤金被一官员勒索，大怒而替她向法庭起诉。在林肯出庭之前，他替自己安排起来，他先读一本华盛顿传记和一本革命战争史用以加强他的热诚，燃烧起他的热情来。在开庭的那天，他首先追述当初美国人民怎样受到压迫，怎样激起一群爱国志士，大家起来为自由而战，也诉说志士们经过多大的艰苦困难，"锻铁谷一役"志士们忍饥耐渴，赤足流血地爬过冰天雪地。接着，他就突然盛怒地指责那位勒索的污吏，斥他不应该剥削当年为国捐躯的一位士兵遗孀的抚恤金。他那种怒斥的神气，好像恨不得剥去被告的皮。

最后，他下结论说："现在虽然已事过境迁，但我们不忍革命先烈的鲜血白流,我们不忍衰老盲跛的遗孀委屈,我们不得不为她伸冤!试问在座的诸位先生,我们不该助她一臂之力吗?"

当林肯结束了这段强而有力的动人的演说时,听审的人当中,有的竟流出眼泪来,大家一致主张万万不能剥削那老妇的抚恤金。

几天以后,林肯的律师合伙人,就在地上拾到一张捏皱的纸,那就是这篇动人演说的原稿,他读了之后,不禁失笑。那纸上写的是:

——没有合同——不该索取手续费——无理的勒索——被告霸占款项不给原告——美国革命战争——描述锻铁谷的惨状——原告的丈夫——怒斥被告——结论。

荣获首奖演说的内容

让我再告诉你一段全美地产协会举行的演说竞赛,其中有一篇讲述"费城"的演说。这篇演说后来被列为 27 大城代表演说的首名,因为他把许多事实,用生动流利的口吻讲述出来,全篇讲词极富有精髓,结构很好,是值得介绍的。他是这么讲的:

——主席,诸位先生:北美合众国这一个国家,在 144 年之前,就降生在我们的费城了,所以我们这一座城市,有着这样辉煌历史的记录,自然就有着十分深厚的美国精神,费城不但成为全美国的工业中心,而且还是全世界最大最美丽的城市之一。

——费城的人口,约有 200 万,全市的面积,约相当于密尔渥奇、波士顿、巴黎、伦敦四城的面积之和,在全面积 5261 万公亩之中,我们建筑的美丽的公园、广场和林道约有 324 万公亩,所以费城的居民,不愁没有正当的休息和娱乐的地方,以及高尚的美国人士所应有的环境。

——诸位,费城不仅是一个广阔、清洁、美丽的城市,而且被公认为世界大工业区之一:因为本城有着 40 万的工人和 9200 家工厂,我们每工作 10 分钟,就可以制造价值 10 万元的日用品,而且根据某著名统计家的统计,不论在美国哪一个城市所出产的毛织品、皮革品、针织物、纺织品、呢帽、金属器、工具、蓄电池、轮船以及其他的制造品,都不能像费城产量那么多;铁路机车的制造,每两小时可以产生一辆,全国一半以上的人所乘坐的公共汽车,大都是本城所制造;在一分钟之内,费城可以制出 1000 支雪茄;在去年,费城 115 家制袜工厂,替全国的男女老幼各制袜两双;费城的地毯和毡类的产量,比起英格兰和爱尔兰两地的产量还要多。事实上,费城工商业交易额之大,在去年银行结算,已达到 370 亿元的数目。

——但是,我要特别提请诸位加以注意的,本市住宅中,有几万所都是劳工阶级所有的产业,住宅既大半为工人所有,当然绝不会有房主和房客的争端,同时,社会主义和布尔什维克主义也不易来扰乱工人们!

——费城绝不是欧洲虚无党滋长的沃土,因为我们的住所,以及我们的教育机关,和巨大的工业,大都是受着我们祖宗所遗传的真正的美国精神所产生的。费城是美国的诞生地,而且是美国人自由的源泉,第一面美国的国旗在费城制造的,第一次美国的国会在费城召开的,独立宣言也是在费城签立的,费城的自由钟,启示了所有美国的男女老幼,协力散播美国的精神,使自由的火焰,永远地在熊熊燃烧着。

让我们来分析一下,这一篇演说的结构如何? 达到了何种效果? 这篇演说,有始有终,具有一种不是你我所能想像得到的价值。它从一个点出发,像大雁般的向前直飞,并不停留或浪费时间,它有丰富的事实,段与段之间条理分得十分清楚,既不重复,也没有前后错乱,这是演说中最切要的一个条件。等把生动的事实讲完之后,再用动人情感的独立运动和争取自由等话,来激起听众的情绪,最后到达了顶点便忽然结束。这样有活力有神髓的演说,自然要得到"芝加哥杯"的首奖了。

一篇十分诚恳的演说

美国煤油大王洛克菲勒的工厂发生工潮,延续了有两年之久,是美国工业史上一件有名的大罢工。那时管理矿务的人,就是洛克菲勒的儿子,这位小洛克菲勒,最初是采用高压手段,请出军队来镇压,结果酿成了流血惨剧,反而使罢工的时期延长下去,造成他的财产受到了更大的损失。后来,他改用柔和的手段,把工潮搁置不议,他开始和工人为友,到各个工人家中去慰问,使两方的感情慢慢好转起来;之后,他看出工人们对他已稍稍释去了敌意,因此他就对罢工运动的代表做了一次十分中肯的演说,结果化干戈为玉帛,把两年来的罢工风潮完全解决了!现在,我们且来看看他怎么说法:

——在我的一生之中,今天算是一个最值得纪念的日子。我觉得十分荣幸!因为我能够和诸位认识了,如果我们今天的聚会,是在两星期之前,那么,我站在这里,会像是一个陌生人,因为我对于诸位的认识,还只是极少数。后来,我有机会到南煤区的各个帐篷里去看了一遍,并和诸位代表作了一次私人的个别谈话;我看过了诸位家庭,会见了诸位的妻儿老幼,他们大家对我都十分客气,殷勤招待,完全把我看成和自己人一般;所以,今天我们在这里相见,我们已经不是陌生人,而是朋友了。现在,我们不妨本着相互的友谊,共同来讨论一下我们大家的利益,这会使我感到十分高兴的。

——参加这个会议的是厂方的职员和工人的代表,现在蒙诸位的厚爱,我终能在这里和诸位相见。诸位对我能够化除一切的宿怨,彼此成了好友,这种伟大的友谊和精神,我是终身不会忘记的。同样地,大家事业的前途,从此更是展开了无限的光明。

——今天,我个人,虽然是代表了公司方面的董事会,可是,我和诸位并不站在对立的地位,我觉得我们大家有着密切的关系,我们彼此的生活问题,我很愿意提出来和大家讨论一下,让我们从长计议,期望能够获得一个双方兼顾的圆满解决;因为,这是有关大家利益的事。

小洛克菲勒本来是工人的对敌,现在他以一篇中肯的言语,一段动人的演说,打动了工人们的心。——"人非草木,孰能无情"呢?

缩短演说适合忙碌的听众

　　一位演讲者若不能缩短他的演说，使之适合现代迅速忙碌的听众，就不会受欢迎，有时反而使人反感。即使是圣哲，在这件事上有时也难免铸成大错，谁敢担保呢？

　　我记得有一位演说家，等他站起来讲话时，已经是清晨两点了，假使他有一点机智聪明与通达，他就应该说几句就结束，好让听众回家，但他这样做了吗？不，他没有这样做！他发表了一篇长达45分钟的反对动物活体解剖的激昂演说，内容的确安排得动人极了，可惜他还没讲完一半，听众便都希望他发生意外，只要能够停止他的演说！

　　耶稣所讲的伟大的"登山宝训"，在5分钟内可以诵毕；林肯的盖特斯堡演说，只有十句话。务要简洁，不宜冗长！

　　据说非洲有一个民族，只允许演说者一只脚站着说话，等到那只脚站累落地时，演说就得停止，未完也算完了。（见约翰逊的《关于非洲原始民族》一书中）——我们这些文化层次较高的人，也和非洲的黑人一样，不喜欢听冗长的演说。

　　所以，安排一篇动人的演说，除了要有吸引人的内容外，还附带一个条件：切忌太长！

口才的另一条件——明晰

　　一位学者,如果叫他对大学生们演讲,那他是有着极大的威力而成功的,可是要他对着一群劳工讲话,那他是整个失败了!

　　拿破仑对他秘书们最着重并且一再重申的训令就是:"要清晰! 要明白!"

　　当门徒问耶稣为什么讲道时总用比喻,耶稣回答说:"因为他们虽在看,却看不见;虽在听,也听不见,他们根本就是不懂!"

应该讲些什么话题

　　在欧战的时候,有一位著名的英国主教,他对住在长岛阿普兵营的一大队没有知识的黑人士兵演说。这一队士兵就要出发到前线去了,可是他们只有很少数的人知道为什么要他们到战场上去。那位大主教对这群黑人士兵,竟大讲其"国际好友"这一类的话。我倒以为他还不如讲一些深奥的天文上的东西比较好一些。他在演讲的时候,并不曾有一个人离开场子,因为卫兵们恐怕他们逃脱,所以拿了手枪在各门很严密地守着。

这位大主教,我并不是看轻他。我觉得他是一位大学者,如果他去对大学生们演讲,那他是有极大的号召力而会成功的,可是对这些黑人士兵讲话,他是整个的失败了。他对听众并不明白,所以他不知道他应该讲的是什么,怎样去获得成功。

确定演说的目标

现在,我们不妨举个实例来证明,美国总统林肯对于机械很感兴趣,他曾发明一种举起搁浅在泥沙中的船只的机器,而且还获得了专利权。于是,他在他的律师事务所旁的一家机械厂制造模型。这设计结果是失败了,但他依旧认为有成功的可能的。如果有朋友到他的事务所中去看模型,他也不厌其烦地向朋友说明原理,他的目的,就是使朋友们能够明白。当林肯在甘第斯堡发表他就职第一次及第二次总统演说时,美国名政治家亨利·克莱说,林肯的主要目的就是说服人而使人家感动。当然,要说服人家而使人感动,他就该讲得十分清楚。但是,在几种情况下,清楚还不是他的主要目的。他向法官讲话的时候,是希望

口才的另一条件——明晰

113

得到有利的判断；他在政治活动的时候，是希望获得较多的选票；换句话说，就是他的目的在得到他人的支持。还有他当选总统的前两年，预备了一篇关于科学的演讲，目的是引起人家的兴趣。这虽然不是他成功的杰作，但可证明他也用过这一种演说的目标。

要明白听众的心理

在一次战争前，一位美国的国会议员，对听众们讲述美国怎样备战，他的演讲目的是把问题讲清楚。但是听众并不喜欢听他的教训，大家想得到乐趣，所以最初听众只是忍耐着，希望他赶快结束。可是，这位国会议员太欠聪明了，一点不自觉，听众终于忍无可忍。于是有人发出恶意的嘘声和讽刺的鼓掌，随后，大家都效法着，没多久，场中便有不少的人在吹口哨和狂喊了。这位愚蠢的演说者，还不明白群众的心理，依旧在继续地讲，于是群众激怒了，喊声像巨浪般地冲向他，终于压倒了他的声音。他只好自认失败，十分羞愧地被听众叱骂下台。

从这个例子我们可以得到一个教训，有时交代得过分明晰，反会激起听众的憎厌！因此，我们对于演说的目标，事先必须有聪明的决定，并根据听众的心理去达到这个目的。

怎样处理听众不甚熟悉的材料

当你对听众讲一些他们不甚熟悉的题材时,你希望他们了解,要用什么方法呢?我告诉你耶稣当时所用的秘诀,那就是多用比喻去说明事实,他用人们已知道的事物,去形容他们所不知道的事物。譬如他形容"天国……"是什么样子呢?那些巴勒斯坦农民如何了解呢?于是耶稣用他们所作动作和实物来描写一番:

——天国好像面酵,妇人把它拿来藏在三斗面里,直等全部都发出来。

——天国好像商人在寻找珍珠。

——天国好像网撒在海里。

这是非常清楚明白的,他们也都能明了,因为听讲的妇女们每星期都使用酵母,渔人每天抛网到海里去,商人常从事珠宝的贸易。

大卫怎样使人明白上帝的谨慎与博爱呢?他说:

——上帝是我们的牧者,我们必不至缺乏,他使我们躺卧在青草地上,引我们在可安歇的水边……在荒凉的不毛之国的青草地……羊群可饮的静水……这些都是牧人们能够明了的。

用比喻帮助说明

"你不要把清楚表达的重要性和困难估计太低了。"我最近听到一位爱尔兰的某诗人当众诵读他自己的诗，可是，听众懂得一半的，还不到十分之一。有很多的演说家，不论是公开或是不公开的演说，他们大都犯着这同样的毛病。

英国大物理学家罗滋爵士，他对大学和公众演说有了40年的经验，我和他论到演说要素的时候，他十分郑重地指出两个要点：一是学问和准备，一是努力于说得清楚。

在普法战争初起的时候，德国名将毛奇将军对部下的官佐说："无论哪种命令，因不清楚而有了被误解的地方，一切将被误解。"这一点，拿破仑也认为是十分危险的，所以对他的秘书一再地训斥"要清楚、要明白"。

耶稣的门徒问他为什么讲道的时候总是用比喻，耶稣说："因为我所讲的东西他们看不见、听不到，我不用比喻，他们根本不会懂。"

可以应用这个原则

从此以后你的讲话便可以应用这个原则:假如你要描写伟大的金字塔,第一便要告诉你的听众它高 1375 米,然后再以他们日常所见建筑物作比喻,告诉他们那有多高,告诉他们塔的基底占据城内多少条街和房屋。不要对人们说这个可以容纳多少加仑,那个有多少桶。何不说某某东西之多,可以装满学校的大礼堂?何不说某某建筑之高,有你正在演讲的礼堂天花板的两倍高呢?不要以多少里多少丈来表示距离,要说从这里到火车站或到某地一般的远。这样不是更明白吗?同时为了力求清晰,我们尽可能的避免用专门名词。

借　　鉴

如果你想要做一名书法家,手上必定备有若干部真正的好碑好帖,时时观摩,有机会看见好字,更是不要放过。三百六十行,行行有高手,如同"好碑好帖",如果我们也时常"观摩"他们,比如读他们的传记,听他们的演讲,参观他们的成就,必定会使自己襟怀开阔,目标远大,获益匪浅。成功,可以从模仿他人开始。

煤油大王所用的方法

　　在《组织》杂志上,煤油大王洛克菲勒也曾发表过一篇文章,述说他怎样应用视觉的方法把科罗拉多州的经济状况解说清楚了。我发觉科罗拉多州煤铁公司的伙计们,都认为是洛克菲勒的家族曾经从公司榨取了很多的利益。我解释给他们确实的情况,并且明白地告诉他们,我们和该煤铁公司发生关系的十四年中,对于普通股东未曾发过一分钱的红利。有一次,我们在开会的时候,我拿一些钱放在桌上,然后拨开一部分,表示我们支出工资的实数。因为公司支出的第一项便是工资。其后我又拨出一部分钱,表示职员薪金的支出数目,所剩下来的,算是经理和董事们的报酬。这样,就没有钱分给股东们的了。于是我又说:"诸位,你们要知道,本公司是由你我、员工、理事以及股东四方面合股经营的,现在我们三方面多少得到了一些报酬,而股东方面不曾得到分文,这是不是可以称为公平的?"我解释完了,接着有一个工人站起来发表演说,要求增加工资。因此我就问他:"股东未得分文,你要求增加工资,这也算是公平的吗?"他承认有些不公平,以后我便不再听到要求增加工资的事了。

　　用视觉来观察的实物必须说得确定,而且把心中的图画,描绘得像在落日前看壮丽的湖影一样的清楚。比方我们说一只

"狗",虽然可以立刻叫人家想像到那是一只动物。但是,这究竟是一只哈巴狗或是别种的什么狗呢? 我们说"这是一只雪白的小哈巴狗",这不是更清楚而引人注意吗?

引例不可太模糊

同时,我们如果引证说明,千万不可用得太模糊。现在,我们不妨用具体的实例来解释一下。比方我说:

——有许多职业男女,常常可以赚到惊人的巨额薪水。

这句话就等于白说一样,事实上,讲这句话的人,自己就不敢确定它将在别人心中唤起什么! 因为这句话说得过于笼统,太模糊了。实际上,他应该详细注明,他所指的职业是哪一种,怎样才是"惊人的巨额"。不妨改成下列的方式,就清楚得多了。

——有许多律师、作曲家、小说家、剧作家、画家、演员和歌唱家,他们的收入,比美国大总统的收入还要高得多。

但这样说,还是有毛病,这里只就一般的来说,他所指的"歌唱家",仍不能使人确切知道是哪一个歌唱家,如果举出一个特殊的例子来,给人的印象就更加深刻了!

——大律师桑姆尔安得来耶和马克斯史蒂,他们两人每年的收入有百万元;拳击大王郑波赛,每年的收入有 50 万元;没有受过多少教育的年轻黑人拳击手约翰路易士,在 20 多岁的时

口才的另一条件——明晰

119

候,就可以有50万元以上的进款;伊尔父柏林的乐队,据说一年可赚50万元;西德尔金斯莱的剧本,一周有一万元的稿费;英国的史学家韦尔斯,在自传中承认他曾赚得300万元;狄雅古寿华拉的绘画,一年也可以赚500万元;戏剧家凯撒琳康尼可,再三地拒绝邀他去得5000元一周的报酬,电影明星士伦斯和葛丽丝慕尔,两人每年的收入约有二十万元。

总之,你讲得愈确切,愈特殊,愈具体愈好,这样不但使你的演说清晰易解,而且还可以让听众所得的印象更深,更觉有趣。

要点切忌过多

我最近看见一位演讲者,在规定3分钟的演说里讲了12个要点,计算起来,每个要点只能讲15秒,对于一个初学演说的人,常常有走入这种错误的倾向。正如一个向导在一天之中,把整个纽约介绍给一位外国人一般,结果不但认识不清,而且毫无乐趣可言。

许多演说家不能把他们的演说表达得清楚明白,就是因为他们想赶在指定的时间内,把演说的内容扩大到创造世界纪录。结果,他们已经不是在演说,而是在用说话来跑马了!

所以,心理学家詹姆斯维廉郑重地告诫人们说:"在一小时的演说中,只可以提出一个要点来解说。"这句话很值得我们玩味和思索。

如何让听众拥护你

　　所谓口才流利,就是说从心底发出来的话,内心则充满热诚。

　　一个诚恳的演说者,一篇说服听众的演说,能够把自己的心与听众的心融合为一,而不是单单把自己的记忆移入对方的记忆中。

　　演说者想欺骗听众,比欺骗自己还要难!

信赖演说的精神

　　在过去,有一段时候,我很信赖演说术的法则,以为只要懂得演说的技巧,就不怕感动不了听众。现在才知道错了,我已逐渐地信赖演说的精神了! 一位拉丁诗人说得好:"如果你想引出别人的眼泪,必须你自己先悲戚起来!"

　　这是我们必须牢记的要点:听众的态度,完全可以由我们来操纵——如果我们忧闷，听众也就忧闷；我们平淡，听众更漫不经心；如果我们讲的话极为诚恳，的确发自内心，听众一定大为感动。

著名的兽类训练家伦尼告诉我们："一声怒语可以使马的脉搏在一分钟内增加十下。"我们在演说时，虽然不必发怒，但必须先激起自己的真诚；因为一匹马尚且会被有力的讲话所感动，何况是我们人类呢。

整个世界都被感情所转移

即使大家都说自己只受理智的支配，其实整个世界，都容易被感情所转移。如果一个人竭力装得严谨和敏锐，那他一定失败无疑。相反的，假使他的话是从心底发出来的，他也就不会失败了。不管是讲重大的政治经济问题，或是个人的旅行杂谈，只要他感到心里确有一番非说不可的话，那他的演说，就会像火一般的炽热了。

具有恳切和热诚的演说家，影响听众的力量之大，像膨胀的气球一样，即使他在修辞上犯了多大的错误也不会失败。

让演说具有信服力

曾经有一个小团体，发现他们自己正置身于一阵飓风之中。那是一阵由名叫墨理斯的人所引起的旋风，以下是这些当事人的描述：

我们当时正围坐在芝加哥一家餐馆的桌边，我们知道这个人是非常具有说服力的演说家，当他站起来说话的时候，我们全都屏气凝神地注视着他。

他首先温和地感谢我们邀请他来参加聚会。他是一个衣着整洁而和蔼可亲的中年人，他说他将谈及某些严肃的事情，希望我们不要因为他所造成的严肃气氛而指责他的不是。

然后，像一阵旋风似的，开始了他的演说。他倾身向前，双眼紧盯着我们，他并没有蓄意提高声调。但是，对我们来说，他的声音却像铜锣般地在耳际铿锵响起。

"看看你的四周，"他说："看看所有其他的人，你们知道在你们当中有多少人将死于癌症吗？在你们当中有四分之一的人已经超过45岁了，四分之一！"

他停顿了一下，脸上散发着奕奕的光彩。"那真是一个既明白又残酷的事实。不过，这个残酷的事实并不会长久存在。"他接着说："我们可以想出些办法来克服它。我们可以致力于癌症治疗的研究发展,以及对致癌原因的探寻。"

　　他的眼睛环顾着四周,严肃地注视着我们。"你们愿意帮助推展这些研究的进行吗?"他问道。

　　除了"愿意"以外,我们还会有其他的回答吗? 在不到几分钟之内,墨理斯就已经征服了我们。他将我们一一地导入到他的主题之中,在这个基于人道主义因素而从事的宣传活动之中,他已赢得了我们对他的支持。

　　美国著名的女小说家惠赖凯珊说:"热情是每个艺术家的秘诀。"每位演说家都该是艺术家,所以更应该懂得这一个公开的秘密。必须有热情,正如一个英雄不能拿假武艺冒充真的本领一样。

　　当你把热情和活力大量掺进演说时,往往可使听众不再留心你的小错误,林肯演说时,声音高得刺耳;大演说家戴默生讲话口吃;胡克的声音太低;柯蓝讷讷不易出口;薛尔简直是锐声嗥叫。然而他们都用自己的热情,去克服这些障碍,而成为美国演说史上的名人!

林肯的两篇演说

　　说到林肯,我又想起他在盖特斯堡发表的一篇演说来。这是美国历史上被称誉为最优美的一篇不朽的演说词! ——在有名的盖特斯堡大战当中,当时参加战争的有 17 万人,并有 7000 名官兵阵亡。可是,如今还有谁再提起它呢?倒不如林肯在盖特斯堡所发表的那篇演说,直到现在还被世界各国的人们传诵着!

这正应验了美国 19 世纪政治家萨姆尔的话:"林肯的那篇演讲,直到盖特斯堡大战被人们遗忘以后,还是会存在的;而且,将来有一天,假使这战役再度被人们想起,大半是由于林肯那篇盖特斯堡的讲词呢!"萨氏说这句话的时候,正当林肯被刺后不久,可算是一个"预言";但是今天,这句话不是已经被证实了吗?

更有趣的是,曾经有一次参议员艾弗瑞特滔滔不绝地演说了两小时之久。但他讲什么,不但早被人忘记,并且无从知道。而林肯,才讲了不满两分钟,当一位摄影师想替林肯留下一个讲话姿势,在他尚未把那架原始笨重的摄影机对好光以前,林肯已经讲完了。如今,我们到牛津大学图书馆里,还可以看到一块永不损坏的铜牌,上面镂刻着林肯那篇演说。想不到这篇短短两分钟的演说,竟成为林肯一生不朽的纪念!

为什么林肯的演说能够这样动人,我不是说过他的发音高得刺耳吗?但他拥有的诚恳和热情,便是他成功的唯一秘诀!

再说一件关于林肯的轶事:

有一天,林肯的律师事务所,来了一位蹒跚的老寡妇,她是美国革命战争时一位阵亡士兵的遗孀,她向林肯泣诉说,她应该领取的 400 元抚恤金,被那位发放抚恤金的官吏强索去 200 元的手续费。林肯听了这件事,勃然大怒,立刻向法庭的那位官吏提起诉讼。开庭的时候,林肯用愤怒的目光看着被告,那种严肃的态度、热烈的情感,几乎好像要跳起来剥掉那被告的皮。他说的话总结起来就是:

如何让听众拥护你

"时间向前流逝,在1776年的英雄,已经成为过去了,他们现在被安置在另一世界,虽然那位英雄,已经长眠地下,但是他那年老衰颓又盲又跛的遗孀,此刻来到我们的面前,请求我们替她伸冤。在过去,她曾经也是体态轻盈、声音曼妙的美丽少女,现在她却无所依靠了。她没有办法,只好向正在享受革命先烈挣扎得到自由的我们,请求给予同情的帮助和人道的保护。我现在要问的是,我们是不是应该援助她……"

当林肯这段中听的话说完了,居然有人感动得流下眼泪,大家一致认为那老妇人的抚恤金是分文不能少的。

态度温雅可化敌为友

林肯的轶事真多,1858年,林肯到半开化的伊里诺州南部去演讲。我们晓得林肯是主张解放黑奴的人,而伊里诺州南部的人民,思想正和林肯相反,他们的性情非常暴戾,就算在公开场所,他们也是带着尖刀和手枪的,他们憎恨反对黑奴的程度,正如他们好斗酗酒一样。当他们听说林肯要去演说,就预备闹乱子,想把林肯赶出当地,而且还想把他杀死泄愤。这一种恫吓,林肯早已经知道了,他知道在这地方演讲是很危险的。然而,他说:"只要他们肯给我一个说几句话的机会,我就可以把他们说服!"他在开始演讲之前,亲自去会见对方的头目,并且和他们热烈地握手。然后,他用十分文雅的态度,做一篇妥善演说。这篇演说极为有名,讲话的声音也十分亲切。因此,把一场即将发生的险恶波涛,立刻变成风平浪静。他们本来仇视他,现在反把仇视变成了友谊,而且对他的演说,还怒涛般的鼓掌称赞。后来,这群粗鲁的人,还成为林肯竞选总统时最热烈赞助的群众呢!

你的谦逊会使别人愉快

法国大哲学家罗斯弗柯说:"圣人谈话,如果把自己说得比对方好,便会化友为敌,反之,则可以化敌为友。"

让别人先说,一方面是表示你的谦逊,而使别人感到高兴;一方面可以借此机会,观察对方的语气神色,给你一个测度的机会,这不是两全其美的方法吗?可是,现在有许多人,总是喜欢抢先,好像自己先说了,便可以压倒对方,或者使对方觉得自己是一个不平凡的人;又有好多人,一开始说话,便滔滔不绝自以为是个长于口才者,别人早已对你有了一个恶劣的印象。事实上你已经失败,这根本不是在交谈,完全是你说给人听,以后你将不受人欢迎,人们见到你只有避而不见的份了。

倘若你是一个店员,对上门的顾客,滔滔不绝地宣扬自己货物如何的优良,此时,顾客对你如簧之舌、天花乱坠的说话,只不过当作你的一种生意经,决不会轻易相信购买的。反过来,你如果给顾客有说话的余地,使他对货物有批评的机会,你只是成为他对此货物互相讨论的人,那么你的生意就可以做成了,因为上门的顾客,他早存有选择和求购的心理,尽管他把货物批评得多不好,只要他选定了,自然会掏钱出来购买的。而你只知夸耀自己的货物,或是对顾客的批评只知争辩,无异指责顾客没有眼光,不识好货,这不是对顾客一个极大的侮辱吗?他在受了极大的侮辱之后,还会来买你的货物吗?

冤家少一个是一个

你为什么会和别人发生争辩?起因是由于彼此的主张不同,因而结下仇恨;这是人在社会上交际时所遇到最不幸的事情。俗话说:“冤家少一个是一个!”因为每一个人都有他强烈的自尊心。

一个耶稣教的信徒,相信人是由上帝造出来的。但是,你用达尔文的进化论来驳倒他,他是哑口无言了,可是他虽然哑口无言,未必肯抛弃他自己的主张,来信仰你的主张,你把他驳倒,使得他面红难堪,他也许会对你怀恨在心,因此和你结成了仇恨。试问你这样做,所得到的只不过是一时口头上的胜利,而彼此的友谊,却从此完结,仔细想一下,这对你究竟有什么利益呢?

大部分的人,都是自尊自大的,而且不分贵贱贫富,所以你对人说话,第一必须不伤害对方的尊严,要是你伤害了一个人的尊严,他会向你拼命的;你对一个酒徒说喝酒不对,他自然要起来为自己辩护,畅谈喝酒的好处。

美国著名演说家卡尼基曾告诉我们,他听过几百次禁酒问题的演说,可是,每一位演说者,差不多都很鲁莽地发表一些容易引起争端的言论,他们一开口,就说明他们的坚定主张,毫无一些可以商量的余地,同时又希望人家舍弃原有的主张来赞同他;结果当然没有一个人被他们说服,因为他们那鲁莽激烈的开头,早已失掉人家对他们的同情,听众们早已准备好各方面的反攻了。结果他们的演说只是加厚了他们自己的城墙,却始终没有得到人家的赞同,你晓得吗? 如果你一开头就犯了招惹听众的毛病,听众将立刻转过头去,从紧闭着的口中暗暗地说:"不对! 不对! 不对!"

一个"不"字的反应

一个人如果打算人家附和他的意思,真是一件困难的事。聪明的演说家最怕一个"不"字的反应,因为这是一种最不容易克服的障碍! 当一个人说"不"的时候,他就是在坚持他的自尊心了;也许以后他会发觉到,这一个"不"字是错的。但因为他早已说出口，自尊不容许他有所改变。因此，我们在演说的开端，最要紧的是设法使人永远地顺从你。一位精明的演说家，在开头的时候，就得到许多人说"是"，这就证明他已经抓住听众的心理，完全跟着他的演说辞移动了！

当你的学生、顾客、丈夫或是太太，已经说出一个"不"字之后，你再想叫他们改说一个"是"字，真不知要花掉多少的智慧和忍耐，才能达到目的。

其实，获得"是"的反应，原是一个非常巧妙的技巧，但是有许多人却把它忽略了。一般说来，大多数人都喜欢一开头就反对人家的意见，好像那样才可以显出自己的卓越和重要。当一位激烈的朋友和一位守旧的朋友谈论起来，会立刻使守旧的朋友大怒；事实上他发怒有什么好处？除非他的目的是因为惹怒一个人，可以使自己的心里舒服一点。否则，如果他想借此完成一件谈判，这样做真的笨透了！

林肯告诉我们："在我们开始辩论的时候，首先要找出一个对方赞成的共同立场，这就是获得胜利最好的方法。"

全力控制你的举止态度

莎士比亚说过："诚恳的举止态度，往往能够感动他人，使他变得和你一样诚恳。假使你缺少这种力量，不妨先自信确有这种力量,然后你自然会获得它的!"

不错,心理学家告诉我们:"从修养意志而产生的自制力量,间接地也可以统驭非意志所能管的感情。"所以,要使心中发生真实的情绪,你必须随时做出诚恳热烈的态度来。

演讲的时候,不要做出心神不宁的动作,那会叫人家看出了你的不自然,鼓起你的自信力,好像教员望着学生般地勇敢地望着他们。事实上,听众正是在静盼你教益的学生,你尽管提高声音,不要害怕,大胆地讲下去,那时脸上会发光,你的声音会显得灵活有力,你的举动也会显得比较诚恳了。最后,你大可以放心,因为你的话一字一句都可以打入听众的心坎里!

好的演说往往是急于要说的话

说到这里,似乎应该有这么一个定律:"好的演说,往往是演说者有一番急于要说的话!"

哥伦比亚大学有一次举行柯蒂斯奖章演说比赛,当时有三位评审委员和六个参加比赛的大学生。六个学生事先已各自准备得十分成熟,每个人都坚信自己确有胜利的把握。可是,其中有 5 个人,都是为了要获得奖章,并没有说出他们真正要说的话。他们各依自己的特长,选取题材,可是他们对于自己所说的话,并未有多大的兴趣。只有一位非洲的苏鲁太子,他选了一个

《非洲对现代文明的贡献》的题目。当他演说时,每一句话都含着真切的情感,他正从他的坚信和热诚中,吐出满心想说的话来,犹如代表了他的人民和整个非洲,全篇讲词似乎都是他急于要说的话! 虽然语辞较逊色,但是他获得了奖章。3 位评审委员不约而同地认为他的演说的确具有演讲者必不可缺少的真正热诚,至于其他的几位参赛者,只是在说一些空话罢了!

许多演说者的失败,就在于他们所发表的演说,并不是由衷的情感激发出来的,话里毫无自信力。

但是,应该怎样发展你的情感自信力和热诚呢? 让我告诉你,只要你不尚空谈,聪明的听众都可以辨别得出演讲者在说肤浅的话,还是从他内心深处所发掘出来的话,他们是不容取巧的。发掘吧,把你心里藏着的宝藏发掘出来!

你要找出问题的症结、原因,然后,集中注意力去深思熟虑;另外,在演讲之前,必须有充分准备,在准备时,必须理智和情感同时运用!

劳斯采用的方法

已故参议院议员劳斯和哈佛大学校长罗维尔,他们在欧战结束后不久,一同被约到波士顿去辩论国际联盟的问题。劳斯感觉到大部分的听众都对他的意见表示仇视,可是他必定要使听众都赞同他的意见。这怎么办呢？他采用正面的直接方法来向听众进攻吗？不，他是一位极聪明的心理学家，他决不肯采用这样的方法。他开始就应用了他的机智和手段。现在我们把他这篇演说开始部分录在下面，你可以注意一下，在他前面的十几句话中，即使反对最激烈的人，也无法有相背的意见。你注意他怎样称颂听众的爱国热忱，他称听众为"我的同胞"。你再注意他怎样缩小彼此意见相背的范围，敏捷而郑重地提出他们共同的理想。你再看，他怎样赞美对方，他怎样坚持着说，他们的不同点只是在方法上琐碎的小枝节，而对于美国的幸福以及世界的和平诸大问题，他们的观点是完全一样的。他更进一步地讲到他也赞成国际联盟的组织是应该有的。因此，分析到最后他和对方的不同点，只是觉得应该有一个更完善的国际组织。现在我们且来看他演说的开头吧：

校长、诸位朋友、诸位先生、我的同胞：

罗维尔校长给了我一个机会，使我能够在诸位面前说几句话，十分荣幸，我们两人是多年老友，而且都是信奉共和党的人，他是有着最大荣誉的大学校长，是美国最重要的、极有权威和地位的人，他是一位研究政治最优秀的学者和史学专家。现在，我们对这个当前的重大问题，在方法上也许有所不同。然而，关于世界和平安全以及美国的幸福，我们的目的还是一样的。如果你们能够允许我的话，我愿意站在本人的立场上来简单地说几句。我曾用简明的英语，一次又一次地说了好多遍了。但是，有人对我有了误解，因为他们没有注意到我的意见，以致发生了误会，他们竟说我是反对国际联盟的组织的。说实在的，我一点也不反对，我渴望着世界上一切自由的国家，大家都联合起来，成为我们所谓的联盟。只要这个组织能够真正联合各国,各尽所能,争取世界永久和平,促成环球裁军的实现。

任你曾对演说者的意见有过怎样激烈的反对,等他用这样一个开头来说,你听了总会心平些吧! 你当然愿意更多听一些,至少你相信演说者是个正直的人。

莎士比亚最精彩的一篇演说

莎士比亚的名剧《恺撒》,中间有一段马克·安东尼埋葬恺撒大帝时的演说,这是一段圆滑而妥善的典型,是莎翁借了剧中人物所讲的一篇最著名的演说。在当时,恺撒是一位罗马的独裁者,所以必然引起政敌的妒忌,企图把他推翻而夺取他的大权。于是,在布尔塔斯和罗苏斯的领导之下,有 23 人联合起来把他刺死了。马克·安东尼曾做过恺撒的国务大臣,而且是一位名作家兼名演说家,他在国家的政权方面,可以完全代表政府,所以恺撒对之十分器重。在恺撒被刺之后,暴徒对安东尼怎样呢? 也把他杀了? 不,他们以为流血已经够了,再牺牲他也没有什么意思,倒不如把他拉到自己的阵线上来,借他伟大的势力和动人的口才来加强自己的能力。这主张似乎很有道理,于是他们就照此主张去试办。他们找到了安东尼,为了要借助他的帮忙,所以允许他对那位曾统治世界的人物说几句话。

古罗马市场的演讲台前,躺着恺撒的尸体,疯狂的群众,大都对布尔塔斯和罗苏斯以及杀人犯表示同情,反而对那踏上讲台的安东尼,怒气冲天。安东尼一上台后,便举起了双手,全场喧哗声完全静止下来,他开始演讲。我们看,他是怎样巧妙开端的呢? 他对那些杀人犯赞誉着:

"因为布尔塔斯是一位有荣誉感的人,他们都是,都是有荣誉感的人们——"

他不向群众争辩,他慢慢地细心地把恺撒的事迹提出来,他说恺撒是怎样用俘虏赎身的钱来充实国库,穷人嚎哭时,恺撒也流泪;恺撒怎样的拒戴王冠;恺撒怎样的立遗嘱,把私产作为公有。他提出了事实,让群众自己去下结论。他所提出的不是新证据,而是群众已忘掉的:"所有要说的,都是你们已经知道的事。"

他用魔术式的口吻,激起了群众的情绪,引起了群众的怜悯,燃烧起群众的愤怒。

不要直接指责人的错误

这是我们常常遇到的,我们并不需要什么感情,或是遭遇什么阻力,就把原来的意见改变了。但是,如果有人明白地指责我们,说我们的错误,我们立刻会对这指责产生反应,而且会使我们的心意更加坚决。如果有谁想要打消我们那种念头时,我们就会更坚决地全力以赴来保护它。当然,那不是因为意见本身值得保护,实在是我们自己的心受到压迫的缘故。

在一切事业上,"我的"这一个词,是十分重要的,譬如"我的"狗,"我的"家,"我的"信仰,都是我们视为最尊贵的,即不但不喜欢人家指责我们的错误,就是说我们一声"不大好",也会对之发生反感。任何人都喜欢坚持自己已经相信的事物,凡是有人对我们相信的表示反对的时候,我们一定要寻找许多的方法,许多的理由来保护。

所以,当你在演说的时候,如果一开始就说:"我要证明这个,我要证明那个。"这决非聪明的办法,因为你的听众,一定因此认为你在对他们作近于挑战的演说了。他们将自言自语地说:"看你怎么说!"而和你站在敌对的立场了。

假使你一开始就讲些和你的听众意见相同的事物,然后再提出听众所乐于解答的问题,那就便利得多了。你可以好像在和听众共同探讨问题的答案,然后再把你观察透彻的事实提出来,引诱听众在不知不觉中接受你的结论,并对你有十分的坚信。

怎样解除粗鲁群众的敌意

林肯说服半开化的伊里诺州群众的事实,我在前面已经说过了,但他那篇动人的演说,真是妥善得无与伦比,值得我们加

以欣赏,现在摘录它的开头如下:

——伊里诺州的同胞们,肯特基州的同胞们,密苏里的同胞们……听说在场的人群中,有些人要和我为难,我实在不明白为什么要这样做,因为我也和你们一样爽直,为什么我不能和你们一样有发表意见的权利呢?

实　干

我们所遇到的绝大多数事情,都可以找到适当的方法去加以解决。多数时候,我们放弃了一件事情,不是因为它太难,也不是因为我们不会做,而是因为我们没有做它的强烈愿望。你若不想做,会找一个借口;你若想做,会找一个方法。

——好朋友,我并不是来干涉你们,我也是你们中间的人,我生于肯特基州,长于伊里诺州,正和你们一样是从艰苦的环境中挣扎出来的。我认识伊里诺州的人和肯特基州的人,我也认识密苏里的人,因为我是他们其中的一个,而你也应该认识我比较清楚一些。你们如果真的认识了我,就会知道我并不想做一些对你们不利的事情,所以你们也决不再想对我做不利的事情了。

——同胞们,请不要做愚蠢的事,让我们大家以朋友的态度交往。我立志做一个世界上最谦和的人,决不去损害任何人,也决不干涉任何人,我现在对你们诚恳要求的,只要请你们允许我说几句话,并请你们静心听! 你们是勇敢而豪爽的,这一点要求,我想一定不致遭到拒绝。现在让我们诚恳地讨论这个严重的问题……

　　这一篇成功的演说不但消除了人们的仇恨，并且使林肯后来在政治上得到这些仇恨者的不少拥护！

融化寒霜般的反对

　　美国的铁路专家曹顿到英国去做大东铁路的总理，在到任的时候，人家对他的反对，有如"春季的寒霜"。原来铁路局里的职员有一传统思想："没有一个美国人有担任总理职务的资格。"曹顿是美国人，竟担任了总理。因此，便引起了公愤。但是曹顿并不着急，他运用了一些策略，去平复那些群众的敌意。他到底运用什么策略去消释那些铁路职员传统思想下所产生的敌意呢？那便是根据他们产生敌意的经验，而迎合他们的意志，作公开的演说。他说，他到英国担任这个职务，并不是为了什么荣誉，也没有什么希望，所需要者，只是想有一个户外竞技的机会罢了！一场演说之下，果然使数千铁路局里的职员悦服而静默。

消释彼此的意见

美国青年商人巴亚,对于大实业家赫奈非常不满,屡次避免见他的面。但是,当时赫奈已经成为世界闻名的人物,而做美国的政治领袖了。不过,在那青年的眼中看来,赫奈是"一个坏蛋",是一个地方上的"党首"罢了。他每回看到报纸对赫奈的称颂,没有一次不摇头痛骂的。后来赫奈的朋友告诉赫奈说:"最好和这位青年会晤一次,消释一下彼此间的误会。"

在一个拥挤的旅馆房间里,赫奈被带引到一个穿着灰色衣服的人面前,那人静坐在一只椅子上,旁边放着一杯开水,带领的人向赫奈介绍说:"这位就是巴亚先生……"

出乎巴亚意料的是,赫奈一直在讲关于自己的事情,关于他父亲担任法官的事情,关于他自己对于政纲的意见。赫奈说:"你是从俄亥俄来的吧?你的令尊不是法官吗……"这位青年人不免吃惊了。赫奈又说:"哦!你父亲曾有一次,在煤油生意上使我的几个朋友损失了许多钱呢!……"说到这里,赫奈概括地说:"……让我想想看……你有一位伯父在阿虚兰吧?现在,请你告诉我,你对于那政纲的意见怎么样?"

后来,巴亚说话了,当他说完了之后,他的喉咙觉得生涩了。但是,在巴亚的生命史上展开了新的一页。因为,在几天之后,赫奈就得到一个新的忠诚朋友。

从这一次的会晤以后，8 年间，巴亚最大的兴趣，就是跟那个他曾经非常厌恨的人做了朋友，并且很忠诚地帮助他。——对别人的兴趣加以注意，便是做领袖一种公认的武器，罗斯福、赫奈，都是这方面获得伟大成功的代表人物。

折服刚愎的人

著名工程师莱芬惠尔，曾有一次折服了一个刚愎自用的人。

当时一个工头屡次坚决地反对一切改进的计划，据工程师回忆：

有一天，我想换装一个新式的指数表，但想到那个工头必定会反对，于是向自己说："用策略的时候到了！"便去找他，腋下挟着一个新式的指数表，手里拿着一些要征求他意见的文件。当我们讨论着关于这些文件上的事情时，我把那个指数表从左腋换到右腋，移动了好几次。他终于先开口了："你拿的是什么？"我漠然地说："哦！这个吗？不过是一个指数表！"他说："让我看一看。"我说："哦！你不要看啦！"我假装要走的样子，并这样说："这是给别部用的，你们部里用不到这种东西。"但是，他又说："我很想看一看！"于是，我故意装着勉强答应的神气，将那指数表递给他。当他审视的时候，我就随便的，但是非常详尽地把这东西的效用讲给他听,他终于喊起来说:"我们部里用不到这东西吗? 糟糕! 这正是我早早想要的东西!"

莱芬惠尔故意反对他自己的主意,果然很巧妙地把这个困难解决了。

先使人佩服你

电话机的发明人斐尔,有一次出门去筹款,他到一个大资本家许拜特的家里,希望能够对他正在进行的发明做一点投资。但他知道许拜特是一个脾气古怪的人,向来对于电气事业不感兴趣。

他开头就对他说预算能获得多少利益吗? 他开头就把科学理论解释给他听吗? 斐尔决不会做这样的傻事。在未说这些话以前,他预先布置好一个局势。他不但是个发明家,并且还是一个很出色的交际家呢!

据斐尔的传记上告诉我们:

——他忽然停止弹钢琴,向许拜特说:"你可知道,如果我把脚踏下去,向钢琴唱一个声音,那钢琴便会复唱出这声音来。譬如我唱一声'DO',这钢琴也会应一声'DO',这事你看有趣吗?"

——许拜特当然不懂得为什么,于是他静悄悄地放下手中的书本,好奇地问斐尔。斐尔详详细细地对他解释了和音或复音电信机的原理,谈话的结果,许拜特很愿意负担一部分斐尔的实验经费。

斐尔的决胜之策,其实是非常简单的。在讲那故事之前,他先设法引起对方的好奇心,他完全利用"引起他人的注意"的秘诀,表演一些异样而且新颖的事情。斐尔牵引许拜特对他及他理想的注意,这是一种很有力量的策略。

我们常常看见许多奇妙技术终归于失败,所得到只不过是观众们耸肩膀或扬一扬眉毛而已。这便是没能真正运用到这个秘诀的缘故。而斐尔却能以"新颖"混合于"熟悉"之中,很自然地运用了这个策略,许拜特的钢琴,就是帮助他完成妙计的唯一功臣。它消除他们之间不同的意见和个性,使他们密切合作起来。

所以,我们可以下一个这样的断语:"新颖的东西,必须与我们的经验接近,才能够引起我们强烈的注意,才能够引起我们的好奇心。"因此,凡是有才干的店员,报纸的编辑,成功的演说家,这些人贡献于我们的,都是运用这秘诀以达到他们的目的。

对付出其不意的敌人

大科学家富兰克林,在参加宾夕法尼亚州的会议选举时,遇到了极大的困难。原来,当时有一位新议员发表了一篇反对他的长篇演说，在演说的辞意里，竟把富兰克林批评得一文不值——遇到了这样一位出其不意的敌人，是多么棘手的事呀！那该怎么办才好呢？富兰克林告诉我们说：

——我对于这位新议员的反对，当然很不高兴。可是，他是一位既幸运又有学问的人，他的声誉和才能使他在议院里占有一些地位。然而，我绝不能对他表示出畏惧的阿谀，来博取他同情与好感，我只是在隔了数日之后，运用了别的适当的方法。

——我听说他的藏书室里，有几部很名贵稀罕的书，我就写了一封简短的信给他，说明我想看看这些书，希望他慨然答应借我几天。他立刻就把书送来。大约过了一星期，我就将那些书送去还他，另外附了一封信，热烈地表示我的谢意。

——他以前不和我谈话的，可是，当我们下一次在议会遇见的时候，他居然跑上前来和我握手谈话，而且非常客气。他对我说，愿意在一切事情上都帮我的忙，于是我们成为知己，美好的友谊一直维持到终身。

这故事乍看起来似乎很平常，但是仔细一想，在富兰克林的成功路上是十分重要的因素。

我们也该运用类似的策略，去对付那些出其不意的敌人！

小恩惠可以解决困难

当我们想起，自己曾经给别人小小的恩惠，而被人家感激地接受的时候，我们不是感到很愉快吗？反过来说，有些受别人恩惠太多的人，反而想避不见面？那是因为当我们帮助别人的时候，我们的"自尊心"便发扬起来；我们受到别人的帮助的时候，我们的"自尊心"反会感觉痛苦——许多领袖人物，都看到了这一点，所以在帮助别人的时候，尽量以不求报答来安慰别人，这样才可以安慰那人的自尊心。同时，这也正是给人一种强烈的刺激，希望自己也能反过来帮你的忙，作为报答。

所以，有才干的人，他们会故意让别人施给他们种种小惠，作为解决许多难题的方法！

美国有一位著名的广告人奇坦顿，觉得一位老朋友渐渐地对他冷淡起来，快要跟他绝交的样子。因为这位朋友是工程师，于是他就请这位朋友审查一幅新建水管的计划图，工程师朋友接受了，却出奇坦顿意料之外地勤奋工作着，并且立刻提出许多切实的意见，于是他们两人的老交情，从这天起仍旧维持着。

借宿一夜消除仇恨

美洲太平洋铁路建筑师史密斯早年的时候,也碰到过类似的事。当初他的职业是贩卖皮货,不得不和一个有宿怨的猎户做朋友,于是他利用一个机会,向猎户借住一夜,不料一夜过后,两人的仇恨完全消释,反而变成知己。

人的个性固然各不相同,然而这种人类普遍的需要,差不多对一切常态的人都适用,而且可以得到成功。无论是对待上司或是下属,对不认识的人或是亲戚朋友,对于满意我们的人,我们应当留心他们各人特有的嗜好和习惯是什么。

但是你应当深加注意,这种乞取小惠的策略,如果不应当用的时候乱用,不需要用的时候也用,那么非但不能引起别人的好感,反而使人觉得是一种欺诈,将对你产生恶感而看不起你!

使仇者拥护你的方法很多,这里简短的篇幅也述说不尽,但是,有一条铁的原则,那就是,你必须预先注意到别人所要提出的反对意见,将他们的反对看作与你的计划同等的重要。在你决定该计划的时候,必须将这个反对意见筹谋在内,如果可能的话,便要设法使你的计划能满足他们。凡是任何一件事情,总应该预先设身处地的去预料他们的意见,而预备对付他们的方法。

消除演讲中的恐惧心理

勇气是人类最重要的一种特质,倘若有了勇气,人类其他的特质自然也就具备了。

即使专家也会紧张

德川梦声可说是日本一大名嘴,提起他的大名,许多后辈都应该脱帽致敬呢！以下一段文字,是他根据多年来的临场经验所发表的对于演讲的看法,向各位介绍一下:

今天的主题,是关于演讲后的"余味"。

要上台发表演说之前,无论是任何人都会感到紧张,无法镇静下来的,你也许会问:

"咦！像你这样身经百战,见过大大小小各种场面的职业演说家,还会紧张吗?"像这种问题,我不知道被问过多少次了。但是,我可以告诉你们,无论是怎样熟练的老手,也无法完全不紧张。因为,不管演讲或座谈,总是得开口说话,这就必须认真地去做才行。

当然,对我所熟悉的一群听众,说些很平常的内容,有时候也会毫无感觉的。说像老师对他班上的学生讲课一样,没什么好紧张。

但如果要在陌生的场所,又不知道听众的身份,而对大家发表演讲的话,就算是天下一流的演说家,也会感到紧张。

演讲虽说是我的职业,但我却不喜欢在众人面前高谈阔论,总希望能尽量躲掉。我所喜欢的是和谈得来的朋友闲谈聊天,因为我并非讨厌说话这件事,而是讨厌正正经经的说话。

上面提到的,在上台演讲前的不安心情,我很不喜欢;而在演讲中途的紧张情绪,也不是一种好的感觉;下了台之后那种空虚的余味,更令我受不了。

轻微的余味,大概一两天就可以忘记了;但有时却可以影响我一个礼拜的心情,严重的时候,差不多在 3 个月之内。偶尔想起来都会感到难过,甚至有一生都忘不了的余味,程度上有多种差异。

比方说,准备了几个固定的笑话或小故事,只要在上台时把它们搬出来说一说,说完后也不会有什么余味。因为可以预料到不会发生什么严重的错误,所以并没有郁闷的心情。但是,以我个人来说,常有机会在陌生场合作第一次的演讲,那么,失败的比例也就会比较高了。

又如我和几个朋友首次演《宫本武藏》一剧后,虽是玩票性质,但也让自己在两个礼拜内都吃不下饭。也许别人会说:"只要努力勤练,就不怕失败了嘛!"但由于以前从未演过戏,如果想

147

要练到非常熟练的程度,几乎是不太可能的。我们自以为排练得差不多了,但上台后还是会出现破绽。

所以,老实说,我在上台演讲前,大多无法做好完整的事前准备,在这种情况下,要想说得非常完美无缺,那除非是神了。

可惜我并不是神,所以只好经常咀嚼郁闷的余味了。

失败等于是纳税

造成演讲的失败有两种可能:

第一,说话方式和技巧的疏失。

第二,个人的教养还不够好。有时候会留给听众一个无礼的坏印象,有时候甚至被别人蔑视。如果不能自我反省,那才是真的失败了。

这两种情形都会带来很不好的余味。但比较来看,后者应该更为深刻,更会让自己感到难过。然而,有什么方法能够让自己不因失败而痛苦呢?答案是:根本没有。

因为,既然以演说为职业,那作为失败后的伤感就是必须付出的税。如果演讲者想要以巧妙的方法逃税的话,真是太天真了。在社会上,有些职业演说家,始终能保持良好的心情,对他们而言,余味几乎是百分之百的好,所以他们是不用纳税的。也因为完全不知道自己的失败,他们当然活得非常快乐。不过,这种人却永远不能有所进步。

有人说过，重复犯两次同样错误的人就是愚人。这么说来，那些不纳税的演说家就是愚人中的愚人了。我再回想一下，跟那些一年到头做着同样而反复的失败事情，不知如何改进的人比起来，自己至少一直有进步，这是值得安慰的啊！

德川梦声认清了此点，借以告诉我们，不管经过多少次的失败，都没关系，还是要勇敢地去做。这样才能一点一滴地进步，达到上乘的境界。

进　取

　　成功是一个永无止境的历程，成功的阶梯通向无穷的远方。不要以为自己成功一次就可以了，也不要认为过去的光荣，可以被永久地肯定。在这个世界上，"现在的成功"是重要的，而"现在"马上便成为过去，下一步又得有下一步的成功。

看清恐惧的原因就不会害怕

你是否觉得每当必须在众人面前发言时，就顿时害怕起来，这是为什么呢？

你一定可以跟亲朋好友聊上一两个小时，或是用电话聊个老半天，话题都源源不绝，越说越有意思。甚至你经常能说出一些让人大笑或使人感兴趣的事，可说是相当会说话。为什么一到了正式场合，面对一大群人（或是广播用的麦克风）就不知所措了呢？

其实原因很简单，不外乎两种：

第一，不想献丑。有些人的想法是，只要我不在人前自暴其短，别人也不会知道我有什么缺点。但是一旦在众人面前说话，我的粗浅根底、拙劣看法都会暴露出来了。那么从此以后，还有我立足之地吗？

不过这种人应该想想，何必踮高足尖来充内行，相信自己会有不错的表现。

第二种害怕的原因是：不知道该如何组织说话的内容，就像被硬拉到一个陌生的世界一样，所以会感到惊惶。

其实，只要看清自己恐惧的原因，你将意外地发现，根本没有什么好怕的。

有的人怕自己的才疏学浅被别人知道，于是就装出一副什么都懂的样子，实在可悲。其实也根本没有必要。

一个不善言辞的人，社会上的人士对其并不会有多大的期待，想想这点就可以安心了。然而，对于知识广博、口才优良的著名演说家，大家却寄予厚望，会在他的演讲中录音、做笔记，这样高度的关心和注意，都能造成台上的人心中无比的紧张。

因此，那些被视为大人物者，在上台演讲或致词前，自己的心情经常是非常紧张的，只不过别人不会看出来而已。

如果身为一位知名人物，在承受巨大的压力下，却一点也不紧张的话,我推想他的心境应该是完全不在乎的。唯有几乎看破一切,才能真的保持镇静。但是,对于说话技巧还不熟练的人来说,并不能领悟此点,他在上台前只是想着:我一定要成功,不能出丑,不能失败。有时候甚至祈祷:我可不可以上去说了?然而,一流演说家在上台前,唯一所想的一件事是:一定得上台,如果演讲中出了什么差错,该如何尽快挽救?

巧妙地提高情绪以冲淡紧张

在上台演讲或上电视节目前,大多数人都会感到胸口有一股压力,呼吸急促、脸部僵硬,十分紧张。

一位曾经担任过很多综艺节目的主持人,和参加者一同走上台,因此,他对这种情形很了解。

例如,有一个节目叫作"把民歌传给你",节目中经常邀请各地方的人来到播音室,轮流唱两三首乡土歌谣。大家在排练时都非常卖力,并不紧张,但等到排练结束,休息一个小时后,幕布垂下来了,参观的宾客渐渐增加,表演的人就开始紧张了。

透过幕布,可以听到观众的嘈杂声。等到开演前5分钟的铃声响了,第一批上场的人就依规定集合在舞台左右两边。此时,一定会有几个要表演的人,以颤抖的声音说道:"相川先生,我好紧张啊!真羡慕你,一点都不怕。"

而我也总会回答他们：

"如果有人不会紧张,那他该去看医生了,因为他的神经可能有些问题。虽然我看上去很镇静,但事实上我也相当紧张呢!你们看,我的腿不是正在发抖吗?"

"真的啊! 跟我们一样嘛!"

就在一阵笑声中,稍微冲淡了大家的紧张情绪。

成功的人也不掩饰紧张

可以在此断言,所有的演员、歌星、演说家,在即将上台或是录音之前,都会感到紧张。

这并非胡言乱语,红歌星淡谷乃里孱也承认我所说的话。

"如果不紧张,就不是歌星了,因为每次上台前都必须认真地准备,说不紧张是骗人的。"

芭蕾舞家森下洋子小姐、电影明星倍赏千惠子、作家兼歌手的石井好子……也都是有着同样的心情的。

酷爱歌剧的森繁久尔说:

"我总是很紧张,台下的观众也跟我一样,这种关系一直持续下去,才能有最好的歌剧诞生。"

森光子小姐与我搭档主持"回忆的旋律"这个节目,她经常在开始前一直对我说:

"相川,我好紧张啊!"

这样一来,反而把我的紧张情绪缓和了。

以上那些名人,都有一个共同点,那就是:即使心中很紧张,也绝不掩饰,反而把心中的压力状态开朗地说出。像这样笑着说:

"唉呀! 现在好紧张呢! 真糟糕!"

倒可以把紧张的心情一点一点排除。

还有一种很高明的说法:

"喔! 刚好又开始紧张了。如果一个人对舞台表演已经完全习惯,没什么感觉,那就完了。幸好,今天还是会紧张,心跳个不停,真是好极了。"

这样不就巧妙地缓和自己紧张的情绪了吗?

有些高明的人,能够习惯性地控制横膈膜和呼吸器官,这是数十年经验所练出来的方式。但我们一般人实在很难控制紧张情绪,所以总觉得胃都快由喉咙跳出来了,或者好像肺部都不能呼吸了,这也是理所当然的啊!

为严重的紧张情绪而困扰

对于这件惭愧的事,我本来是不想说出来的,不过,因为说出来可以帮助各位,所以我也就不好再吝于发表了。

对我而言,如果不能把一件事情处理好,会在心中形成极端的担忧和紧张,甚至变成一个令我感到困惑的紧张习惯。

就像被强迫坐在某个地方,或是按照规定去做某事,会产生一种紧张的情绪。当时的我无法克服这种情况,因此心中非常苦恼。我常常想像出一些被压迫的情形,似乎是被催眠或接受自我暗示一般,立刻感到胸中烦闷、呼吸困难,全身的肌肉和神经都紧绷起来。

在我年轻的时候,担任电台地方新闻的报道,而在我之前,已有资深广播员报过"全国新闻报道"了,所以我心里想,既然比不过资深的前辈,那就用不着竞争和紧张,只要好好学习就可以了。

像这样的安排,继全国性报道后再报地方新闻,对我是很好的,不过当时的我并不十分了解。

经过二十多年的广播生涯,我终于也能成为座谈会的主持人,或是为重大的专辑节目解说,并主持了许多精彩的大型节目。后来,我的健康状况一度出现危机,不得不住了一年半的医院,才能再度康复。

当我再次接触到广播的时候,心情非常复杂。我必须向我的听众朋友和同事们表示,自己完全好了,精神饱满愉快,才能回到从前的岗位。所以,我必须对每一件工作都全力以赴,心情的紧张当然也就难免了。

流着冷汗播报新闻

不久,我终于接受指示,担任许久未曾接触的新闻报道了。由于在我生病住院以前只主持一些综艺节目,所以,对播报新闻有点生疏。

我曾在很多地方性的电台服务过,之后才到大阪及东京的播音室工作,因为,从前我是负责社会新闻的播报,所以多少还是有一份自信。

就因为这份"多多少少的自信"和新闻报道一段时间未接触,两种想法的复杂交错,我心中暗自决定:非做出一个好成绩不可!

巧的是,我又担任地方新闻报道;而我在之前,是由一位优秀的年轻广播员报播全国新闻。他念得非常流畅清晰,我听了以后,更是想要尽全力播报地方新闻,免得输给后生晚辈。

然而,毕竟有一段时间没有接触了。我忽然开始感到不安,心跳急速、呼吸困难、喉咙干涩,没想到许久不曾有过的紧张又再度袭来了。情况越来越严重,我甚至怀疑自己能不能开口说话。

那位年轻而优秀的全国新闻播音员,似乎已经快要结束他的报道了,而他的语调也越来越美妙顺畅。看看我身旁的助手,一副轻松愉快的模样,我却忍不住开始大声喘气了。

我当然不想让别人为我担心,或是瞧不起我。自己已经有过二十多年的广播经验,怎么会这样呢？于是,我试着努力压制自己的紧张,但却使得精神和生理更不能协调——几乎无法呼吸了。

还有 20 秒就要轮到地方新闻了。这时候,我身旁的助手忍不住小声问道:"有没有问题呢?"

我擦擦一脸的冷汗,勉强地做出个 OK 的手势。

想装出镇静模样不让自己崩溃

在感到紧张的时候,如不知道该如何处理,将是非常糟糕的。

我即将要开始报道新闻了,又在心中提醒自己:接着年轻播报员之后报道新闻,可不能出错啊！心中可说紧张到了极点,还得尽量不让别人察觉。

我吸了一口气,竟然发觉自己好像连这么简单的事都不会做了。吸得太大口,会发出很大的声音;吸得太轻,又觉得不够用,念几个字就没了。所以,只好在开始前先做两三次呼吸调整。而每说完一句话,就得拖上一两秒钟来呼吸,我想所有收音机前的听众一定感到很奇怪吧！

告诉自己,要念得快一点啊！我故作镇定地念出:

"美国总统雷根于今天上午……"

说着说着,觉得自己简直要崩溃了！

我虽然尽量压抑自己的声量，装出自然平静的样子，但在我生理上却无法调整过来。只好先关上麦克风，赶紧做两三次深呼吸。

身旁的助手什么也没说，只是静静看着我，想到自己让他担心，真是糟糕。同时也想到，现在有很多人正在收听我的报道啊！这更令我感到焦躁万分了。

在身心状况都不佳的情形下，我才继续念了半行文字，又切断麦克风开关，赶紧呼吸一下，又念了一行，又呼吸……就这样苦战了老半天，呼吸完全凌乱了，最后只好删掉一条地方新闻，以气象报告来接替，结束了我的播报工作。

此时，助手装作不知情地对我说："辛苦了。"然后面无表情地拿回我手中的原稿，头也不回地离去了。

我恍如初醒一般，完全失去刚才的紧张的压迫感。

由暗示而产生的紧张

那天是我永远忘不了的日子。虽然事情已经过去了，但从此以后，我的身体却产生了奇怪的反应。

只要每隔几天，看到公司当天的工作分配表上写着："某时某分由相川播报地方新闻"，就会立刻产生紧张的情绪。但如果是要播报全国新闻，我倒反而没有什么感觉。

只要在年轻、优秀的播报员之后，要我接着报地方新闻，就会紧张万分的。像这种类似催眠一般的自我暗示，已经与我密切连接了，使我慌张无措。

我一边念着地方新闻，一边就会想到：什么时候会开始呼吸不顺畅呢？从头到尾不停地担心着。

如果坐在旁边的助手，是一个爽朗可亲的人，那么我可能不会出问题。然而，如果是一种"念错就不饶你"的监考官类型，或是"看你这么紧张，根本不适合播报"的冷静批评型，我就会拼命想好好表现，免得让别人瞧不起，因此，情绪也就一直上升了。

我经常在想，电台的同事们会不会把我的丑事拿来讨论呢？会不会有人提议："为了维持 NHK 新闻报道的声誉，和避免大家的面子扫地，不该再让相川来报道新闻了。"

或是相反，有些助手表示关心地说：

"在相川旁边看他播报，会觉得他很可怜，以后别再让他担任新闻报道了！"

如果他们真的这样说，那我真不愿意忍受如此的屈辱了。

以暗示驱除暗示

在我深为自己紧张而苦恼时，很想知道如何消除紧张。后来我终于发现，除了"以牙还牙"之外，没有其他的方法，也就是说，以新的自我暗示来取代原有的，如催眠般的自我暗示。

和整个宇宙、人类历史、全世界人口比起来，"相川浩的地方新闻报道"是那样微不足道，不管有没有出错，或者是不是比不上年轻播报员，都不足以构成问题了。

我只要想到这一点，胸口的闷塞就自动消失了，肌肉不再僵硬，心跳恢复正常。所以，各位如果要在众人面前演说，或是要参加应聘工作的面试，或担任婚礼司仪时，请自己暗示自己：别人并不像自己这样关注自己，不管对方是董事长或可怕的上司或一大群人，都没关系。因为每个人都是父母生养的，都各有你不知道的苦恼。那么，为什么要为他们而害怕、紧张呢？

他们没有什么大不了的，如果你一个人在大家面前紧张、发抖，是不是很滑稽呢？根本没有必要啊！

假想从天上的角度来看地下的自己，将会发现，你在社会上的一个小角落，想要尽全力表现，或发表一次完美的演说，因而使得自己神经紧张，是非常不值得的。因为那只不过是小事一件。

任何人只要处在异于日常生活的状态中，就会产生防御的本能。所以，在面对陌生的场合时，基于一种想保持自己的心态，神经开始紧张，心跳加速，这都是很自然的警戒反应。

紧张的时候，在心脏附近的横膈膜上升，腹肌僵硬，失去了控制，而延着脊椎骨的交感神经和副交感神经因为受到压力，会使得全身僵硬，甚至减少唾液的分泌，就像人在森林中遇到大熊，用装死来保护自己一样。

因此，平常不善言辞的人，遇到紧急情况，可能连舌头都无法活动了。这种恐惧和紧张都是自然的反应。而医学上主张对

消除演讲中的恐惧心理

159

于紧张的来源给予刺激，使它走到缓解的方向去。

　　有一个外科医师，因为每当紧张时，就会口干舌燥，所以他总是随身带着一种清凉饮料——酒石酸，把小粒的酒酸放在一个小瓶中。

　　快要轮到自己发言的时候，他就把酒石酸倒在手帕上，假装拿手帕擦汗，趁势把微粒含在口中，那种酸味能使唾液增加。据说，这样一来，紧张的心情马上就会镇定下来。

　　而我的方法则是：每当感到紧张、呼吸困难时，因为所有的注意力都集合在横膈膜和心肺部位，所以应该设法把注意力转移到其他方向，我就用力地拧一下大腿。这样就能把压在胸口的注意力，立刻转移到大腿的疼痛处了。如此的举动常常有意想不到的轻松效果。

　　此外，消除紧张的方法还有一些。最重要的是，必须抛掉过去的责任感，你可以故意对旁人说：

　　"我现在有点紧张呢！哈哈……只好随便做了！"

　　相反，如果你因为害羞，怕丢脸而强迫压抑自己，很可能会发生无法弥补的大错。

　　反正"别人不敢献丑，就由我来吧"。你可以在一张便条纸上，把你心中所担忧的事都写出来，拿在手中，想到就看一下。以这种心情来面对事物，就能安定、舒坦了。

聊天能放松心情的原因

和朋友家人在一起聊天时，话题是源源不绝，然而，为什么到了正式场合，就变得头脑空白，说不出话来呢？

因为，聊天和在人前发表谈话有许多不同，各有各的特征。

聊天的特征

聊的主题未必要连贯。

话题要从哪里开始，到哪里结束，都是随意的，人不会强求。

大家可以各自说自己喜欢谈的事。

不必注意自己的用语是否妥当。

可以用日常生活的语言来交谈，就算毫无道理，谈话也可以继续下去。

可以经过一段时间后，再提起同一个话题。

在同事或是风俗习惯相同的人之间，可以用一些符号或代表性的暗号来代替言语，彼此的意思仍然能够沟通。即使中间有一段长时间的沉默，也没有人会感到不安。就算你说了一些听起来粗暴、坏心眼的话，大家也可以敞开心胸来沟通，了解你真正的意思，不至于产生误会。

聊天过后，没有人会特别追究或记下你的话。（当然，如果有所约定或商量，又另当别论）

因此,日常生活的闲谈,让人感到轻松,没有约束,不需要担心,没有一个人会在聊天的时候觉得紧张或压迫。

然而,对众人的演说,却与喉咙干涩、呼吸急促这些情形脱不了关联。

在正式场合谈话的特征

先得注意要讨论的事情。

要依照某些规定或约定来发表谈话(须有符合时间和场所的顾虑)。

不能随自己高兴而任意发言,也不能随便改变话题。

必须在限定的时间内把该说的话说完。

自己要尽量把所有的话以最通顺的方法说出。

不能随便用方言。

要注意自己的用语。

不可加入代表性的符号或暗号,应考虑到所有的人。

说话之前要多多考虑,以免让别人误会你所隐蔽的含义。

在公开场合所说的话,常会被别人记录下来。(避免在讨论或致词之中有所重复。)

必须对自己的言论负责。(如果引起别人的反驳或质问,要能加以补充或说明。)

有时候,你所说的内容会被留作日后的记录,被"文字化"或"印刷化"。

不宜有暧昧不清的言语或不负责的说法以及不实的传说或笑话等。

在正式场合中要注意谈话的方式

必须在正式场合发表谈话之前,自己要先想到:用什么样的方式说些什么呢? 也就是说,如何组织演说的内容。

很多人都为此感到困惑,不知如何着手。其实,并没有什么好害怕的。

人类文明历史悠久,在美索不达米亚、印度、底格里斯河、幼发拉底河……各个文明的发源地上,产生了不同的文化,而人与人之间的思想也就慢慢地开始互相交流了。而后,无法避免地产生了一种向众人演说的方法,这是人工化的新形式。

还没有发展出文化和社会概念的人类,只有在父母、子女、邻人之间,以自然交流的方式,说些简单又轻松的日常用语。这就像今日世界中,我们在尚未踏入社会之前,每天所说的一些通俗言语一样。

但是,原始社会的人们渐渐懂得将群众组成一个团体,并选出一个领导者,也开始对神祈祷,与其他部落的人接触。在这样的情况下,就不能光用与亲族、邻人之间的日常语言了。

于是,发展出一种为了领导部族、与其他族相处的"交涉性语言",以及对神祇的敬语和对族长及族长老表示敬意的语言。在原始自然的生活用语外,形成了一种人们刻意制造的表达方式。

而今天的我们,如果想当一名成功的"社会人",就不能不接受那种在大众面前谈话的方式。不但如此,你想要在社会上通行无阻,还真少不了这种具有"润滑性"的语言,当作自己的通行证。只要你牢记对公众用语的原则,你将意外地发现,它能带来不少的乐趣呢!

一点小错反而让人喜爱

在数千万年前,我们的祖先为了在社会中生存,于是运用高度智慧,发明了在大众面前谈话的方法。这种公开场所必备的润滑语,我们每个人都该好好学习。

我并不是善于演说的天才型人物,相反,以我的个性来说,很难成为一个会谈高手。所以,我只不过用一些浓缩的润滑语,让自己生存下去就好了。

我和各位一样想成为善辩之才或职业演说家,但是我知道,很多人都是从小就崭露头角的。10多岁时,可能已经在辩论或演讲的世界中生活,而我,却完全不是这样。我常常想着如何好好发言说话。所以,只能以我仅有的余力,去学习那些必要的而又少到极限的润滑语。除此之外,我也就不敢再有什么更高的期望了。

我们一般人,应该以这种心情,轻轻松松地活下去。对一般人而言,在人前发表谈话,最好的态度就是:不要太高估自己,不要在乎别人的眼光,就算献丑又何妨?因为"出一点小差错,反而更让人觉得可爱呢"!不是吗?

注意演讲的环境

在你演说的时候,假如听众席上留着太多空位或是空椅,那是最糟糕的事。

你使听众集中至一处,可用力一半,收效一倍。

当听众尚未来到的时候,你必先仔细视察会场的光线、座位、温度和空气。

凡是一切累赘而不雅观的东西,最好不要杂放在讲台上。

应有一种悦目的背景。

一个聪明的演说家,是不允许旁人坐在讲台上的。

听众散漫分坐也使感情分散

卡耐基先生曾告诉我们说:"我是一个职业的演说者,有一次,当我下午在大礼堂中对疏疏落落的几个听众演讲过后,晚上又在那礼堂中对极多的听众演说。下午的听众,只对我表现出一些微笑。晚上的听众,却对我大笑不止!晚间的听众,对我所讲的话鼓掌的地方,下午的听众也听了却未起什么反应,这是为什么?原来下午的听众,大都是小孩和老人,不像晚上的听众那样活泼敏捷,而富于表情。不过,这还是部分的原因,最重要的,还是因为下午的听众稀少而散漫地分坐各处,他们的感情也因此分散不少。所以使听众席上留着宽大空位或空椅,是最糟糕的事!"

有一位著名的牧师,讲"怎么传道"的时候说——人们常常问:"你对多数听众演说,不是比在少数听众面前演说要兴奋得多吗?"我的回答是不然,我对 12 个人演说得十分高兴,因为那 12 个人紧紧地围绕着我坐着,如果听众有 1000 人,他们每两人间距有 4 尺空隙,那就是在空屋一样……所以,你使听众密聚一处,可以收到事半功倍之效。

理由很简单:一个人处在大庭广众之前,比较容易失去他的个性,而且容易被感情所支配。譬如当你对 6 个人演讲时,如果其中一个人对你的话并不怎么感动,但因别人的鼓掌和发笑,他也会被别人同化而鼓掌而发笑起来。

如果我们要和一个小团体说话,我们应该选择一间小屋,把中间的通路都坐满了,这比在一间巨大的礼堂中要好得多。如果听众散坐着,你可以请他们移到前面贴近坐着,这一点是你开始演说之前必须注意的。最好在没有足够的听众之前,不要登台,要不你就和他们站在同一平面上,挨近他们,打破传统的形式,而和他们亲近,使你的演说变成随便谈话的形式,结果一定要好得多。

保持会场空气的新鲜

在演说进行时,保持会场上的空气新鲜,正和演讲者保养他的喉咙一般的重要。即使名演说家的雄辩,美丽少女的歌舞,也决不能使在混浊空气中的听众精神振作起来。所以,每个演说者在演说之前,必先打开窗门,请听众站起来休息两分钟。

更要紧的是,你在听众尚未到的时候,必定先仔细视察会场的光线、座位、温度、空气。因为你应该明了,对一个演说者来说最重要的,便是清新的空气。

必须使室内光线充足

当你演说时,你并不是对群众表演什么神奇幻术,所以必须使室内光线充足,而且还需要让光线照在你的脸上,因为大家都想看你的表情。事实上,你脸上因说话而随时显现出来的微妙表情,有时比你的话更有意义。

但是，你不要站在光源下面，因为这样将使你的脸上显出模糊的暗影，也不要让光线从后面射过来，以免把光线完全遮去。当你准备演说之前，最好选定一个光线最适当的地方，才是一个最明智的选择。

讲台上最重要的是演说者

你千万不要藏身于讲桌后面，因为听众是希望看见你整个身体的。假如使他们为着要见到你整个的身体，必须伸长脖子或偏移身体，你为什么要使他们这样吃力呢？有些自以为聪明的人，常常事先替你预备好一壶水和一只杯子，但是你千万不要用它。凡是一切累赘而不雅观的东西，最好不要乱放在讲台上。

你是否注意到，马路旁售卖各种货品的商店，总是布置得整齐悦目；化妆品和珠宝店，尤其装饰得十分美丽，这是一种经商秘诀，因为这样可以使顾客对于陈列的货品格外珍视而赞赏。一位演说家也应有一种悦目的背景。据我看来，最适宜的背景，就是演说者的前后左右没有一点杂碎的陈设物，只要在后面挂一幅暗蓝色的绒幔就够了。可是一般常见到的情形是，说者的背后都挂着地图、字画，摆个桌子，还有许多布满灰尘的椅子，结果反使全场的空气显得混乱异常。所以这些废物，必须尽量清除才好。

你要牢记："演说台上最重要的，还是演说者!"所以，应该让那个讲话的人站在清清爽爽的台上，明显得好像蔚蓝的天空下，耸立着披了雪衣的山顶一般。

不要使听众忘记演说者

有一次，我参加一个演讲会，当时演说者正讲得精彩，会场的管理人，为了使场中空气流通的缘故，所以拿了长竿去挑开各个窗户。结果怎样？差不多全体听众都忘掉演讲者，专心注视着这位打开窗户的朋友，好像他正表演惊人的戏法一般。

无论怎样，听众是不会去抵御眼前活动事物的引诱的。如果一个演讲者能够牢记这一点，就可以减去不少的困难和无谓的烦恼。以下有几点，特别需要注意：

第一，他不可以玩弄他的手指、衣服，以及其他分散人家注意的动作。

第二，如果可能的话，演说者最好设法使听众都坐在前排，那么即使有迟到的人从后面入场，也不会使他们的注意力分散了。

第三，在讲台两侧，不应坐着别人。

这三点都很重要，记得有一次，我亲眼看见有一群听众，注意一位名演说家的手指达半小时之久，因为他一面演说，一面在

169

玩弄讲台上的桌布。又有一次有一位姓陆的教授，在某大学连续做了几场学术演讲，我和另外几个人都被邀坐在讲台上，我认为这对演说的人是一件极不利的事，所以当场拒绝了。第一晚我注意到这些坐在台上的人，其中有几位忽而把一只腿交叠到另一只腿上，忽而又放了下来。这种与演讲无关的动作，吸引着听众的眼光，便由演讲者的身上移到那人身上。第二天，我把这件事提出来请陆教授注意，之后的几晚，就只有他一人站在讲台上了。

现在，有的舞台上不允许出现太引人注目的红光，那么，一个聪明的演说家，更不应该允许旁人坐在讲台上。

注意不适宜的坐法

在开始演说的时候，演说者面对听众而坐，使一个生面孔叫大家熟识一下不是更好吗？是的，但如果我们要坐的话，最好得小心从容地坐上去，不要像找座位那样的左右回顾，犹如一只猎狗要卧下去的样子，等到坐下去时，也不要像一袋沙土猛掷在地上那样的粗鲁，这种不适宜的坐法，都是不合艺术的。

一个知道怎样坐法艺术的人，他会先用他的后腿去触摸椅子，然后，很自然、文雅地保持头部到臀部笔直地坐下去。

挺起你的胸部

当你站起来预备对听众讲话的时候，不要忙着立刻开始。因为，这会显出你是一个外行演说家。你应该深深地吸上一口气，然后举目向台下的听众看一会儿，如果在听众中有乱杂不静的情形时，你得多等一会儿，使大家都安静下来。把你的胸部挺起来，这是你平时就应该经常注意练习的，一旦你站在听众的面前，便会不自觉地这样做了。你要慢慢地用力吸气，同时把颈子紧贴衣领（如果你穿西服，最好用硬领），就算你做得太过分了一些也不妨，因为你的目的是在舒展你的身体。

两手怎么办

你的两只手应该怎么办呢？我在前面已经说过，不要玩弄你的衣服，因为这不但十分容易分散别人的注意力，并且还表现出你缺乏自制的弱点，在讲台上无论什么动作，如果不能增加人的注意力便要分散人家的注意力,绝无中和的可能,所以你必须站定脚跟,显得能够控制你的举动,也就表示你能够在精神上自持了。最好的办法,你忘掉了两只手好了! 让他们很自然地垂在你的身体两侧,这是很合理的,万一你觉得它们像两只香蕉一样的累赘而感到讨厌时,最好不要想像别人会注意到它们。要知道,两只手自然地垂在两侧,决不会引起人们的注意,就是好吹毛求疵的朋友,也不能批评什么,而且这样一来,即使碰到情之所至而要做手势的时候也不会发生阻碍了。

也许你认为,把手放在背后或是插在口袋里可以减少不安的情绪,那么,你不妨就这样做好了。我曾听过当代几位著名的演说家的演讲,他们偶尔也把手放进口袋里去。

不过,一个确实有些话要讲的人,他一定会用一种坚定的信心讲述出来,至于他的手脚怎样放都不重要了。总归一句话,讲话的时候,最重要的还是在心理方面,而不在外在的部位。

一般人所滥用的姿势

现在让我们来谈谈一般人所滥用的姿势:

有人告诉初学演讲者,应该把两臂自然下垂,手掌向内,手指半弯,拇指和腿相触。如果照他所指示,初学者必须把两臂以优美的弧线抬起,先把食指伸开,再伸中指,后伸小指,然后两臂再照原来的弧线放下，垂在大腿两旁。事实上，这种表演真是呆笨异常，显得十分古板而不自然。在这样的动作中，初学者无从安放自己的个性，做得勉强，无法使精神和活力灌进步骤里去，那么这整个表演，就好像打字机一样，单调而可笑。

我又读过一本关于演说姿势的书，全书完全想把活人造成机器人。他告诉读者在讲这句话的时候应该做什么姿势，讲那句话的时候又应该做什么姿势；在什么时候动一只手，什么时候动两只手，什么时候要低，什么时候要高，什么时候要适中；怎样动这一个指头，怎样伸那一个指头；这本书不知耽误了多少人的时间和精力！这本讲解演讲者姿势的书，其中的材料，不但都是废话，而且往往使人越学越不像样，凡是从书本中得来的姿势，完全是要不得的。

良好的姿势向心内去找

良好的姿势，只有向你自己的内心去找。因为好的姿势，完全从你对那问题的兴趣和使人与你产生共鸣的欲望中产生出来的。一种发自你内心的姿势，实在比一千条死的法则还要有价值得多。姿势是内心状态的外在表现，并不像衣服一样的可以随便改装。正如一个人的接吻、悲哀、狂笑和晕船一样，一个人的姿势，应该像他的眼镜一样，完全属于他个人，所有人的眼镜既然不完全一样,那么,他们的姿态表现,当然也不会相同。所以,想训练两个人做同样的姿势,实在是一种愚不可及的事。

任何一种姿势不要一再重复

总之,不要把你的任何一种姿势一再重复,那会令人感到乏味,不要把你的手势只从肘部做起,那会显得局促而不自然。最好使手势从肩部开始,要显得大方而好看,不要把你的任何手势结束得太快。比如,当你伸直食指,帮助你发表某一段的演讲词时,最好保持这种手势,一直到你说完这句话。否则,看似极小的错误,往往会造成极严重的恶劣效果。因为它们会使你原来的意思被人误解,另外,把小的地方看作你的要点,会令你强调的要点反而看起来平平淡淡了。

记住这句话:"你的姿势,必须在你演说冲动的时候,加以表现出来!"这比任何导师千方百计教给你的更有价值。但你必须牢记一点,当一个人有他急于要讲的话,而且十分恳切地讲出来时,他常常可以完全忘了他自己。同时,他讲述时,动作姿势虽然毫未受过训练,也可以做得十分自然优美,令人无从指责!

林肯的手势

　　替林肯作传而又曾与他同做律师的贺恩登说："林肯演说时，那些为一般演说家所习用的手势，对他是毫无用处的。他常常用力把头向左或向右摆动，每当要加强他的语气时，这动作更是显著。他永不像有些演说家那样把手臂上下移动；他永不像演戏一般做作；他越讲下去动作越自然，同时越显出他的优点来。他讲话时很从容自然，并且含着他强烈的个性，越讲下去越显得他的伟大性。他并不看重动作，但他对听众恳切讲解的时候，他那瘦长的右手指头，便自然地充满了动人的力量，一切思想情绪，完全贯注在那里了。有时为表现快乐的情绪，他便把两手举成五十度的角度，手掌向上，好像已抓住他所渴望的喜悦了。他讲到痛心的事情——像痛斥奴隶制度——他便紧握双手，在空中用力挥动；他严厉地诅咒，是他最有力量的姿势，十分生动地显出他那推翻这痛恨的东西而把它踏入泥土中去的决心。他两脚站得十分平齐；他并倚着物体来支持他的身体。他也不轻易改变他所站的位置和姿势。他并不在讲台上前进或是后退。为使两臂休息，他常用左手握住衣服的下摆，右手自由动作。"

自创的姿势

罗斯福演说时,比林肯更有力、更活跃、更勇猛,他满脸都是动人的表情,他紧握双手,全身好像一架表达情感的机器。柏休安常常伸开他的手和手掌。葛莱斯常常用拳头击着桌面或击着自己的掌心,或是用力跺脚。罗西·巴力士惯于举起右臂并有力地突然放下。这些演说家所以能够做出这种自然而富有活力的姿势,无非因为他们已经在思想和自信上充满了力量。

自然和灵活,是动作的要素。著名政治家贝克的姿势,表现得是最难看。毕德的手臂在空中乱舞,活像是一个小丑。伊尔文爵士因为跛足的缘故,动作更是十分古怪。剑桥大学已故教授柯真先生在演讲议会雄辩术的时候说:"一个伟大的演说家,都是自己创造他们自己的姿势的;大演说家固然可以得到表情和优美的动作的助力。但是,如果单单在表情和动作上显得丑陋或是笨拙,对于整个演说成败的关系也是很微小的。"

服装漂亮也会增加说话力量

顺便还有一个问题,关系到你的服装。有一位心理学教授,曾征求过许多学生的意见:"对于你自己服装的感想如何?"结果大家异口同声地说,他们穿得十分整洁漂亮的时候,便会觉得身上似乎多了一种力量,这力量虽然很难解释清楚,但仍然明确地可以使他们增强自信力,提高自尊心。他们认为,在外表上打扮得好像已经拥有了成功,便比较容易被人联想到成功,甚至真的得到成功。

我常常留心观众,如果一个演说者穿了一条像布袋似的裤子,不像样的衣服,口袋外露着钢笔或是铅笔,或是外衣塞满了新闻纸、烟斗等时,听众便会对他减弱不少尊敬的心。因为听众会以为他的脑子,与他那不梳理的头发和不整洁的衣服一样。

当美国南方的李将军到马雅陶克思法庭时,身上穿了一套崭新的军服,腰间挂了一柄极有价值的军刀。但是,葛莱特将军既没有挂上军刀,又只穿了一身平时着的军服便装。后来他在回忆录中写着:"和一位穿得十分整洁,六尺高的身材,毫无缺点的姿态的人对照,我一定显得不像样了。"这件事成为他一生的遗憾之一。

华盛顿农业试验场中,有着几百箱的蜜蜂,每箱中都装有扩大镜和电灯,不论什么时候,只要一开灯,就可以清晰地看到蜂巢中的一切。一位演讲者也正应该这样,他像是被置于放大镜下的明亮灯光之中,无数只眼睛都在向他注视,如果他稍稍犯一些小疵,立刻像平地上突起一座山峰一样的明显。

激　　励

在渴望成功的人中有两类人:一类比较坚强,他们很容易把自己燃烧起来,发出光和热;而另一类人却不然,他们只不过是木材或煤块,需要火种把他们点燃。找得到火种,他们才可以燃烧;找不到火种,则永远只是一堆冷硬的"木材"或"煤块"。火种是什么呢? 可能是一部名人传记、一本有启发性的书、一部电影里的故事、一个好朋友的几句话、一位好老师的指引、一次愉快的旅行、一段神圣纯洁的恋爱或一些意外的刺激……这些,都可能在适当的时机,给人一种巨大的力量,激发他们对事业的热情和追求。这火种可能自动地来,但在大多数情况下,需要我们自己去找。不要放弃任何可以引发自己潜力的机会,这是走上成功之路的一大要诀。

结尾要恰到好处

在演说中，最重要的一点还是在结束上。

最后的字句，虽然已经停止，但仍在听众的耳中旋转，使人记忆最久。

名人说的话，古今的格言，都可用来增加你演说结尾的力量！

不要忽视你的结尾语

戏院中有一句老话："从上场和下场的精神，就可以知道他们的本领。"这句话虽然单指演员，然而对演讲者也很适用。

不错，任何事在开头和结尾都是不大容易圆满的。比方说，你去参加一个宴会，在进门时的寒暄以及告别时的态度，是不是老练，就可以看得出来！在商场中的应酬，最难的是良好的开局以及获得皆大欢喜的结果。

在演说中,最重要的一点还是在结束时,因为最后的字句,虽然已经停止,但仍在听众的耳中旋转,使人记忆最久!可是初学口才训练的人,却很少注意到这一点,他们的结尾语,常常是失之平淡而未能尽意。

用诗文名句结束

演说结尾,有许多方式可供我们参考。但所有的方式中,再没有比幽默的话,或引用名句,最容易讨好的了。事实上,如果你能引用适当的诗文名句作结束,那真是最理想的,并可获得希望中的风味,它将显出高尚优美。

英国扶轮社哈利·罗德爵士,在爱丁堡大会上对美国扶轮社代表的演说,结尾是这样讲的:

——当你们返家之后,有些人会寄给我一张明信片,就算你们不寄给我,我也会寄给你们每位一张的。你们会很容易知道那是我寄的,因为上面没有贴邮票(众笑)。但在上面,我要写一些字,是这样写的:"季节来了,季节又去了,你知道世间一切都按时而后凋谢?但有一件却永远伴随露水般的鲜艳,那就是我对你们的仁慈和热爱。"

这首诗很适合罗德的个性,并且无疑地,也适合他全篇演讲的旨趣。因此,这首诗对他是极恰当的。假如是另一个拘谨的人,在发表过一篇严肃的演说后,结尾引用这节诗,也许很不合宜,甚至会觉得可笑。

各人自有成功的办法

卡耐基先生曾说过:"我教演讲术的年代越久,越明显地看出,也越深刻地感觉到,制定一般的法则,使在各种情形下都适用,简直是不可能! 多半得视题材、时候、地方和听众而转移。每个人都应当如圣保罗所说'各人想出自救的办法'。每个演讲者,也各人有成功的办法。"

不过,请你记住:名人的成语,古今的格言,都可以用来加重你的结束力量。古今中外历代伟人的名句,结为专集的很多,到图书馆中就可以查出你所需要的材料。

层层增高　句句有力

我现在告诉你另一种普遍的方法,在演说术上称为"阶升法",就好像阶梯一般步步升高。不过,这种方法常是不易运用的,也不是一切的演说者对任何题材都可应用。但若能运用得当,那是极好的。因为,这种方法是一层高一层,是一句比一句有力量!

林肯在以"尼亚加拉瀑布"为题材预备一篇演说时,就是用的阶升法。试看他怎样以哥伦布、耶稣、摩西、亚当等的年代与尼亚加拉瀑布相比,获得累增效力的:

效　率

在做一件事情时,使用的方法不同,效率往往大不相同。一摞整齐的白纸,要数出其张数,将会有多种方法。可以一张一张地数,也可以将其错位,两张一数,三张一数,四张一数,五张一数……印刷厂里的工人数纸都有绝活儿,其速度和效率令人望尘莫及,这是他们在工作中摸索和锻炼出来的结果。生活中,我们每做一件事情,都会有多种方法,采用更有效率的方法将会使我们受益无穷。当我们抱怨一件事情总是要花掉很多时间时,不妨及时提醒一下自己:加法太慢,为什么不试一下乘法呢?

——这要推测无限的久远,哥伦布初发现这块大陆——当耶稣基督被钉在十字架上——当摩西率领以色列人渡红海——啊,甚至亚当从创世主的手里出来,从那时到现在,尼亚加拉就在这里怒吼!

——古代巨人的眼睛,像现今我们人类的眼睛一样,曾看过尼亚加拉,一万年前的尼亚加拉和现在同样的新鲜有力!我们只能见到庞大骨骼化石的巨型爬虫,也曾见过尼亚加拉——从那样久远的年代起,尼亚加拉从无一刻静止,从未干涸,从未冻凝,从未睡去,从未休息。

有生气有活力

六十年代,温德尔费利浦氏在讲到黑人图桑将军时,曾用过同样的技术,他的演说结尾,节录在下面。

这段文字常被许多"演说术"的书籍所采录,它有生气、有活力,虽然在重实用的现今时代稍嫌华丽,但仍极有趣:

——我要称他为拿破仑,虽然拿破仑经历了毁约、食言、血流成河的战争,而猎得王位,这位名人从没食言过,"不报复"是他伟大的格言,也是他一生的信条,他最后曾对他儿子说:"我的孩子,终有一天你回到故乡圣多明哥,忘掉法国曾杀了你的父亲。"

——我要称他为克伦威尔,可是克伦威尔只是一个军人,他所建立的国家,与他同时埋葬在墓中。

——我要称他为华盛顿,可是这位伟大的维吉尼亚州的人却使用奴隶,这个人宁愿以国家命运作冒险,也绝不允许他的领土内有任何一个小村庄去做买卖奴隶的事!

搜求寻觅试验

搜求、寻觅、试验,直到你获得一个完美的结尾和好的开端,然后将其紧接在一起。但是必须简洁明快,把话停止得恰到好处,要是太冗长了,心急的听众会发生反感的!

美国星期六晚报的主编罗粹慕先生说过:"我把文章刊登在最受欢迎的地方,就结束了。而在演说上,当听众达到最愉快的顶点,你就应该设法早些结束了!"

乔治柯赫是美国一个以幽默见称的演说家,他告诉我们:

——你必须使"再见"结束于听众的微笑之中。

你能做到这一步,可说结束的技巧已经十分成熟。但是,该怎么做呢? 这就没有成法可循,完全得由自己去斟酌了!

一个幽默的结论

我们不妨看看路易·乔治的演说,他对一群公理会的教徒

讲述有关约翰维斯莱坟墓的严肃问题,谁都不敢希望在结尾还会使听众发笑,然而,他竟很聪明地做到了。我们且看他是怎样说的:

我们大家都来动手修整他的坟墓,我十分高兴。这一座坟墓,应该受到尊敬的,因为他是一位极端厌恶不整洁的人。他曾说过:永远不要叫人看到一位服装褴褛的人。(笑声)如果你们让他的坟墓倾颓,岂不是太不像话了吗?有一回,他曾走过一家人的门口,门内跑出一位少女,向他喊着:维斯莱先生,上帝保佑你!他的回答是:年轻的女郎,要是你脸蛋儿和衣裙干净些,那你的祝福当更有价值了!(笑声)——这就是他厌恶不整洁的一种表示,所以我们也不能让坟墓不整洁。倘使他的灵魂经过这里,见到不整洁的坟墓,那他将比任何事都伤心。这是一座值得纪念而崇敬的圣墓。你们必须要好好地加以看护,这是你们的责任啊!(众欢呼)

用简明赞美的话结束

钢铁大王卡尼基最得意的助手史可伯先生,有三次在纽约宾夕法尼亚协会演说,他的结论说:

——我们宾夕法尼亚州,应该领导时代的巨轮,因为它是出产钢铁最多的一州,也是世界最大铁道公司的养育之母,就是农

185

产物,也在各州中占有第三位。所以,宾夕法尼亚州是我们经商的基石,它的前途远大,而这个州也是孕育领袖的摇篮,绝非别州能及!

史可伯用了这几句话做结尾,使听众们个个都高兴,这真是一个很好的结束方法。但是,要使这种方法生效,必须有着诚恳的态度。同时,又不可说得过分,以避献媚之嫌。否则,稍露做作之态,难免被人看作虚伪,他们将像对付一张假钞似的拒不收受了。

最光荣最宝贵的成就

已故牛津大学校长,曾对林肯就任第二任大总统的一篇演说赞誉备至,称之为:"人类中最光荣而最可贵的成绩之一,是人类最神圣的雄辩真金。"我们现在引录在下面:

——我们对于战祸能够早早结束,都热诚祈求。但是,如果上帝欲使战争继续下去,并把世人辛苦了250年所累积下来的财产完全化尽,使受过鞭笞的身体还要受一次刀枪的残害,那我们还是要说"上帝的审判,完全是真实而公平的。不论对什么人,都要慈爱,而不要怨恨。我们还是遵照了上帝的意思坚持正义,继续努力完成我们的工作——整顿我们已经残破的国家,纪念我们战死的烈士,以及照顾因战争而造成的孤儿寡妇,以达到人与人之间的永久和平"。

读者诸君,你们读了前面所引的历来中西名人口中最妙的演说结尾,你们感觉怎样? 能不能找出比这更仁慈、更热情的结束语来?

惠廉巴登在"林肯的一生"中说:

——林肯在盖特斯堡的演说已经十分伟大,然而他第二次就职总统的演说,比这还要伟大……这是林肯一生中最感人的演说。因为这演说,使他的智慧和精神的威力登峰造极!

卡尔奇滋怎么说呢?

——这简直是一首神圣的诗! 美国历届的总统,从未对美国的民众讲过这样的话,而且美国的总统甚至从未有过这种念头!

在结论中再将要点告诉听众

当然,你也许不会像林肯那样得到发表不朽演说的机会。你的目的,也许只要能够在一群听众面前,比较圆满地结束一篇短短的演说罢了。

根据经验,一位演说者可能会讲到离题目极远的范围中去,等到他讲完的时候,听众对于他那篇演说的要点,早已记不清楚了。一般演讲者大都不明白这一点,总以为听众的脑海中,对于

187

自己演说中的几个要点十分清楚,以为听众也应该和他一样清楚。其实,演说者把他要说的话,在事前已经思量过多时了,所以他当然是十分清楚;可是听众方面,他们是完全生疏的;因此演说者的话,像抛到他们身上的一把铁砂,虽然是被抛中了许多,可是,大部分还是滑落下来。他们虽然听到一大堆话,但是他们对于这一堆话,始终没有完全了解地记入脑中。

有一位爱尔兰的著名政治家,曾为演说定了一个要点,就是:"起先你必须提示听众说,将要告诉他们一些什么,然后,你再告诉他们,结束时,你得再告诉他们,你已经说过了些什么。"这方法是不错的。

这里还有一个很好的例子,演说者是芝加哥中部青年会卡尔先生的一个演说班上的学生,也是芝加哥某铁路的运输部主任,他在公司的董事会议席上,建议火车经过的路口,设置防险栅栏。他说:

——诸位,从各州铁路上所得的经验,深知每年因危险事件的减少而节省的金钱数额之大,我认为,公司实在急需有防险栅栏的设置。

简单的几句话,便把全部的要点完全总结了,你不必问他前面所讲的是什么,你就可以知道他说话的意思了。你觉得这种方法怎么样?如果你以为很对不妨立刻吸收,成为你自己的方法。

卡尔先生的演说,是请听众依你的结论去实行的一个最好的例子。他演说的唯一目的,是在铁路线上设置防险栅栏,全年可以节省大量金钱和使不幸事件减少的理由,向听众讲清,无非希望他的主张能够实现。因此,他在董事会上发表之后,结果获得多数人的同意，也达到了他的目的。

在你演说的最后几句话中便是你该要求所有行动的时候。所以，要求吧！要求你的观众加入奉献、投票、书写、打电话抵制、赞助、投资、履行，或是任何你希望他们去做的事。定要小心谨慎地遵守这些提示：

"要求他们做明确的事情。"不要说："帮助红十字会。"那太笼统了，而要说："今天晚上把你的入场费送交给美国红十字会，地址在本市的史密司街125号。"

"要求观众表现他们能力所及的反应。"不要说："让我们投票反对喝酒。"那是不可能做到的。在这种时候，我们不能以投票来表决喝不喝酒。你可以取而代之，要求他们成立一个禁酒会或是捐款给某些反对酗酒的机构。

"尽可能地简化你的要求，使你的观众易于遵照你的请求而行。"不要说："写信给你的国会议员，让他投反对票。"你的听众有百分之九十都不会照你的话做。因为，他们对它不感兴趣，或嫌它太麻烦了，或是他们将会忘记，所以要使它既容易又让人乐于实行。到底要怎么做呢？你可以自己写一封信给国会议员，说道："署名于下者，鼓励你投票反对74321号法案。"把这封信和一只钢笔传下去，你很可能会得到许多人签名——或许你还会弄丢你的钢笔呢！

普遍错误的矫正法

现在，我们来讨论一下演说者普遍的错误：

——以上是我们对这件事要说的一些话，现在，我想停止了！这并不是一个结尾，实在是一种不能原谅的错误。因为你的话既已说完，不妨就此坐下，表示你的话已经十分妥善，让听众自己去回味，何必要说这几句废话呢？

此外还有一个普遍易犯的毛病，就是当话已讲完，不知怎样停止时，常把一句话反复地说上好几遍。

有经验的牧童，会教人捉牛时不要握牛角而拉牛尾，因为牛尾容易放手。但这位演说者却捉住了牛角，因为想尽方法却不能放手，只好握住牛角转起圈子，结果还是没有离开一步。一句话反复多说，会给人留下不好的印象。

矫正的方法，就是演说之前，就应把尾语准备纯熟。因为你一开始演说时，全副的精神早就贯注在所讲的话题上，根本无暇临时去想应该怎样结束。许多成功的演说家，他们也都是事先把结尾写下来记熟的。

初学演说的人，如果常常应用这些演说名家的步骤，是不易失败的，虽然不必把字句完全——背熟，但意思非完全记住不可。

即席演说时，需要删削以适合未能预料的变化，适合听众的反应。如果在事前能够预备两三个不同的结束语,更是一个聪明的办法。因为这一个不适用,换一个也许可以。

有些人在演说中途,就随便的横讲开去,这好像一辆汽车,中途突然乱开,不但大大地糟蹋了汽油,狼狈地挣扎一番,而且还可能得到一个不堪设想的结局。矫正的方法,就是要多多练习,多备汽油。

易犯唐突停止的毛病

初次登台演说的人,易犯停止得太唐突的毛病。他们结束的方法,未免太欠圆满了。其实他们并没有预备结束,只是突然的中止,这情形就好像一位正谈话的朋友,突然鲁莽地站起来了,连一句告别的话也不说一样。

林肯也有过错误

大演说家林肯,在就任第一次大总统时所草拟的演说词,也发生了错误。那篇演说，发表在非常紧张的时期，分裂和仇恨的乌云已经布满了上空，几星期后，血腥和破坏的暴风雨便吹遍了全国。他对南部民众的演说，本来预备是这样结束的：

——不满的国人们，在你们的手里，正操持着内战爆发与否的动力，如果你们不做侵略者，政府是绝对不会攻击你们的。虽然你们不曾立下推翻政府的誓言，我却有一种神圣的诺言，决心保护政府和扶助政府。在你们未立誓不破坏政府之前，我决不畏缩，绝不停止护卫政府。战与不战？这个严重问题，完全操诸你们之手！

林肯拿这篇演说稿给国务卿席华德看，席华德指出，这结束太鲁莽了一些，易于激怒听众，因此他代拟了两篇，林肯接受了其中的一篇，略加修改，然后发表。结果，他就任第一任大总统的演说，不再有易招人怒的唐突，全篇充满了优美的诗意，而且达到了友善的顶点。那结尾是：

——我们是朋友，而不是仇敌，虽然我们的情绪，有时候很紧张，却不能因之而破裂，我们是绝对不应该成为仇敌的！神秘的弦音，将奏出全国统一的欢歌，歌声将通过每一战场和烈士的坟墓，传颂到广大地域的生存者的心灵和家园里。

没有机械的规则

初学演说的人,怎样把自己的情绪,恰当地用在演说的结尾呢?这里没有机械的规则,它和一个人的修养一样,微妙得很。

它完全是一种感觉,但是这种感觉是可培养的,那就是多多学习一般大演说家所用过的方法。

下面有一个很好的例子,是威尔斯亲王在加拿大帝国俱乐部演说的结尾:

——诸位,恐怕我说的离题太远了,并且关于我自己的话也讲得太多了。但是,我今天能和诸位说出我自己的地位和责任,真是十分荣幸!我可以向诸位担保我一定尽我的力量去完成我肩负的重任,俾不负诸位诚意的信托。

这一段话,即使是一个瞎子听了,也会立刻知道他的演说已经结束了。而不像一缕游丝似的仍在空中摇曳,真可谓圆满异常!

总之,在交际场中,口才的训练没有什么秘诀,本书介绍给你的,不过是参考他人的长处,并加以熟练罢了!

获得新朋友的敬爱

我们的一生当中，没有一天不是在做职员，我们向那些和我们日常接触的人，出售我们的思想、计划、精力和热诚。

假使我们善于出售自己，人家喜欢我们和我们的计划，那么我们是值得人们敬爱的人！

有些人，生来就具有过人的天分，他们无论对人对己，都很自然，毫不费力便能获得他人的注意和喜爱；可是有些人便须加以努力，才能获得他人的注意和喜爱。

但不论天生和努力，他们的结果，无非是获得他人的善意！

应付人的问题

应付人的问题仔细分析一下，其中包含有三大元素：

（一）你自己，（二）别人——就是你所应付的人，（三）影响别人行为的技术。

这三种元素中,最难明白的就是第一种。苏格拉底说过:"知道你自己,认识你自己!"然而我们最不容易知道自己、认识自己。不过,我们要能有所成就,应当知道自己,认识自己。但偏想这样做的时候,却常常又做不到,这是为什么? 我以为主要的因素,是对自己不诚实所致。

不能跟人相处的两大因素

假使我们真能对自己诚实的话,自然就容易培养应对的技术。因为在我们自己的性格中,有许多因素,都足以阻止我们跟

机　　遇

据说,英国和美国有两家皮鞋公司,各自派了一名推销员到太平洋某个岛屿去开辟市场。两个推销员到达后的第二天,各自给自己的公司拍回一封电报。一封电报是:"这座岛上没有人穿鞋子,我明天搭乘第一班飞机回去。"另一封电报是:"好极了,这座岛上没有一个人穿鞋子,我将驻在此地大力推销。"机会有时无所谓有,无所谓无,聪明人创造的机会比他找到的多。

他人接近，不能讨人喜欢。偏偏这种因素，又是你所不注意的。比如，你试问自己，有没有怕羞的心理？见了生人是否发窘？说不出话？虽然想说，但是没有头绪？——请你坦白地承认吧！这些缺陷有什么可怕！我们很容易改正它们的。可是我们最大的缺点，并不在这些上面，那最大的缺点是什么呢？那是关于我们性格方面——畏怯和懒惰，这两种心理，就是我们不能跟人相处和不能应对的基本原因。当然，除了这两点以外，我们还有别的缺点，然而最主要的却是这两点。

驱除生活中的妖魔

可是，我们用不着害怕，畏惧不是我们生活的必需品，它们只是我们生活中的妖魔，大可以把它们驱除，将它们灭绝。假如你真有畏怯他人的心理，你就立刻想想，为什么要畏怯他人？他不是跟你同样的人吗？你如果有懒惰的习惯，只要有决心，任何恶习都不难改掉。所以，我们只要认识自己，知道自己，一切都可以走上成就的道路，那么应对的能力，何尝不能培养？

英国报纸大王的经验

已故的诺斯克利夫爵士,当他被询问到什么最能引起人们兴趣的时候,他的回答是:"他们自己!"这个答复是对的,因为他是英国最富有的报纸大王;他当能知道每个人的心理。你想知道自己是怎样的一种人吗?好,我们现在就谈论你!我们先让你照一照自己的尊容,使你认识一下自己本来的面目,然后再留着你的幻想,幻想是什么呢?让我来回答你吧!

——世间不会有比"自己"更感到兴趣的对象了。如果你留心去观察自己和他人心的趋向,你会发现所有一切不加约束和指导的思想都环绕着自己,这是十分有趣的,同时也是十分可悲的。

所以,你应当记住,和你说话的人,如果他不是想到自己的事业和职务,就是大概在想自己的光荣和正直。人们对于自己的小事,比任何一件重大的事都要关心;他对于刮脸的刀片钝了,比某处飞机失事还要关心。他自己的脚趾肿痛,比发生大地震更严重!他听你论及他的本身得意的事件,比听你谈历史上一切伟大人物的事迹,更为高兴。

明白了这一点,你该懂得如何应付你的新朋友了!

受人欢迎的谈话

有许多人，他们所以被人认为是拙笨的谈话家，原因就在他们只注意谈他们自己感觉有兴趣的事情。而这些事情，也许人家都非常讨厌。如果把这方法反过来应用，让你去引导别人谈他所感觉兴趣的事情。例如关于他优良的运动记录，他的成就等等。如果对方是一位有孩子的母亲，你不妨跟她谈谈她的孩子。你这样做，就会给人一种亲切和趣味，虽然你的谈话不多，你也会被人认为是一位成功的谈话家了！

我曾参加过某一个演说训练班的一次集会，在宴会席上，那位负责训练的先生，讲出一次十分成功的谈话，他把席间的每一个人都谈到，谈他们在训练班开始时的演说姿势，怎样渐渐获得了进步，末了还追述他们曾经发表过的演说，模仿他们演说时的神情，再把他们的特点加以夸大，使每一个人听了都捧腹大笑，都感到高兴。他用了这样的材料来说话，是绝对不会失败的，天下再没有比这种题材更使人高兴的了，而这位先生能够知道这一点，他的确是一位成功的演说家。

杂志畅销的原因

我知道有一个本来并不怎么畅销的月刊,自从换了编辑后,该刊立刻畅销起来,销售量每期都在增加,现已有了惊人的发展。有一天,我去访问这位成功的编辑,请教他有什么秘诀。他笑着告诉我说:

——人们大都是怎么的,他们所感兴趣的,主要还是在他们自己。他们不会注意到铁道该不该收归国有或全归民营,但每个人却极愿意知道怎样往上爬,怎样使自己的身体健康,怎样可以获得更多的薪金。所以当我开始主编以来,我就主张告诉读者怎样注意他们洁白的牙齿,怎样沐浴,夏天怎样乘凉;又如怎样寻找职业,对付属员,购买地产,以及其他关于个人的一切事;因为人生的故事,大家是永远听不厌的。我还邀请富人们详细讲述他们经营地产怎样获得了巨大的财产,凡是社会上有地位的银行家以及大事业的成功者,都请他们来述说一下,他们怎样由艰苦而达到成功的故事。我只有一个秘诀,便是知道怎样去迎合读者趣味!

你要一件事业成功,当然要迎合人们的趣味,你要和人们接近,尤其是要获得人们的敬爱,你更不可忽略了这个重要的因素。

199

竭力表现你的健全人格

其次,不容忽略的,是用你健全的人格,去获得人们的喜爱和合作! 因此,世间贤能的人,常竭力想把自己的人格表现出来!

我们往往和某人偶然相遇,一面之交也能引起我们的注意,使我们喜悦,这是什么道理呢? 他能使我们和他友善,这又是什么原因呢? 这是一种"不可言说之美",他给我们的犹如芬芳来之于花朵一样。这就是人人都可自修而得的人格,存在于人人所特具的"不可言说之美"的背后。

交际能手罗斯福的笼络法

美国已故的大总统罗斯福,是一个交际能手。那时候,他还没有被选为大总统,在一次宴会上,他看见席间坐着许多不认识的人,当然,这些人是认得罗斯福的,不过因为他们和罗斯福的地位不同，所以虽然认识，也只是冷冷地招呼而已，并不因罗斯福地位高而表示殷勤。那时罗斯福刚从非洲回来，正在预备1912年选举的第一次决胜旅行途中。罗斯福看见这些人对他并没有表示友好的意思，立刻想出一个计划，故意拿出一个简单的问题，去问那些不相识者。

陆思瓦特博士（也是筵席上的客人，那时，正坐在罗斯福的身边）曾记载说："我把席间的客人彼此介绍了之后，罗斯福凑近我耳边轻轻地说：'请把坐在我对面那些客人的情形告诉我一些！'于是我把每个人性情特点，大略告诉了他。"

然后，罗斯福就预备对那些从来没有见过的人表达友好了。因为他这时已经明了他们各人最得意的是什么，曾做过些什么事业，喜欢些什么。

由此，我们可以看得出罗斯福的交际天分是多么的高超呀！陆思瓦特博士又说："罗斯福明了每个人的性情以后，立刻就有适宜的谈话资料了。"

制胜陌生的人

为了要制胜这些陌生的人，罗斯福不厌其烦地预先打听他们的情形。所以，他的谈话资料，才能够引起他们的兴趣，而使他们感觉到受宠若惊。因此，每一个人在不知不觉中，感到十分满意,对他也产生了美好的印象。罗斯福这种策略的益处是很大的,后来他做了总统,著名的新闻记者马考逊也曾经说过:"在一个人进来谒见罗斯福以前,这个人的一切情形,他早已打听好了……人大都是自负的,所以要对他们作适宜的颂扬,莫过于让他们觉得你对他们一切的事情都知道,并且都记在心里。"

最简单的方法就是对于那些与他们自己有密切关系的事情,或者他们感到特别兴味的事情,表示诚心地尊崇。伟大的领袖人物,经常在运用这最重要的方法。但是,人各不相同,所以理应运用各种不同的方法来对付他们才行。

明白人与人之间的差异

我们应当明白,人与人的差异就在于个人的兴趣。这种差异,如果我们留心研究,是很容易择取出来供我们利用的。因为形成这些人生活的部分或全体,是属于人性范围中的事情,是人们所说过、想过或做过的一切事情,个人的习惯,个人的癖好,以及个人的意见,是逃不出人性范围的。

注意我们活动的小宇宙

曾经有人把我们的生活范围,亦即我们活动的小宇宙,称之为"人们的游乐场",这真是很有意思的。大人物的成功因素,就是把许多不认识的人都变成新朋友。那些新朋友的来源,都是因为他能够在接触别人的时候,把自己加入"游乐场"里,因而接触到各个不同的兴趣。——不过,这里有一个关键,就是你对别人所发生的兴趣,应该是出于纯正的目的!

如何使新朋友对你有好感

社会上有某些人很明显地缺乏对人的兴趣,原因是他们在应对上既没有天才,又不肯去努力,导致对人漠视。又有些人,常会把我们的特性剥夺,把我们的兴趣减轻,把我们"不可言说之美"给阻碍。我们如受他们的影响而把我们的"美"给丢掉,那么,便是我们的失败。如果我们能把"美"培植起来,便是我

203

们的成功。

没有人可以强迫我们对人一定要具有兴趣,而是我们自己应当把兴趣建立起来。方法很简单,只要我们小心地和那些人周旋,并且多运用自己健全的人格,那么我们的处世接物,就会时时获得胜利。而我们对人的兴趣,也自然地随同滋长;同时,我们的特性和自信心,也随之而来了。对人的同情心日渐滋长,人类的真正需要和情感,便可以洞见知觉。美国汽车大王福特说过:"了解人性的最好方法,便是与人和好。对于你所要左右的人,以及希望和你忠诚合作的人,务必获得他们的敬爱。"

不妨施给别人一点小惠

社会上有许多人,对于别人向他乞取小惠,常常是很高兴的,尤其是所乞取的东西,恰巧是他自己最得意的东西。但关于这一点,有些人还没有注意到。

表面上看来,这个策略很容易,但实际上人们却很少脚踏实地去做,因而得不到美满的效果。

这种策略的效力,存在于人性的潜意识中,我们应当加以深入研究。简单地说,便是唤醒起别人的"自尊心"在人类的意识中活动最强烈的欲望,即维护他的"自尊心"。

当我们贡献一些较好的意见给人家,而这意见恰巧是那人自己的意见,我们就能够获得那人的好感。因为我们已满足了那人心意的需要。所以,帮助别人维护"自尊心",就是使别人满意你的唯一秘诀啊!

要有一种驭人的魅力

美国已故大总统罗斯福,有一种驭人的魅力,使初见到他的人便会对他产生一种特殊的好感,原因是他对于任何人都能使用恰当的称誉。林肯也是善于使用称誉的人,他曾说过:"一滴甜蜜糖,比0.5公斤的毒药,所能捕获的苍蝇,要多得多!"所以,他往往挑选一件足以使人自矜和能引发兴趣的事,然后掺杂一些真切而能满足他人自矜和兴趣的话,自然能得到别人的好感。

因此,恰当的颂扬是一种有效的方法,可以用来抬高别人的自尊心,获得别人的善意和合作。伟大的领袖,几乎都是使用这种方法的能手。因为人无分男女,无分贵贱,都喜欢恰如其分的称誉。同时,这种称誉可以给他们加倍的能力、成就和自信的感觉,这的确是一种感化人们最有效的方法。

不过,还是有许多颂扬被抛掷在无用之地,甚至有时候反而激起疑虑,惹人厌恶,这便是由于人们虽然懂得颂扬却没有搞懂颂扬的艺术。

颂扬的方法是投其所好

你必须要了解他人的性格与弱点后,才能决定你进攻——颂扬的方式。你只要观察人最爱好的谈话题材,因为言语是心底声音,他心中最希望出人头地,嘴里一定对这一方面讲得很多,那你就可以找到这一类地方去搔他的痒,只要投其所好即可。因此,我们要使颂扬奏效,就必须牢记个人性情不同的地方。须知凡事夸大的人,他们的虚荣心最重,他们往往有一种强烈的下意识,不论在何时何地都喜欢人家阿谀、颂扬,都会喜形于色。但是许多有为的人则不然,他们只在某种事件上喜欢得到赞美。你的颂扬、逢迎、赞美的方法,决不会使你失败的。

应对的能力可以培养

应对的能力的确是每个人成功的重要因素,应对能力强的人,他的交际手腕必然八面玲珑,应付自如。

每个人的应付能力是可以培养的,本着你的学习和观察,通过实验,必然会使你有巨大的进步。同时我们也可以依着古今名人走过的路,用不着另觅捷径,只需按照同样的路追寻下去,便可以学会这种技巧。

人有各种的欲望,但我觉得其中最大的欲望要算和人相处。但是能应对恰当的,也许只有极少数的人。事实上,我们并不缺乏这种基本能力——和人和谐的相处,善于抚慰人——我们都有这种潜能,因为我们有手脚、眼睛、声音和面部的肌肉等等工具,就算那些人缘好的人,也不过有着这些工具而已!但是,为什么他们能应付自如,而我们偏偏不能够呢?——可以一句话说明白,那就是:他们知道利用这些工具达到目的,而我们却不懂这个要领。再说得具体一点,应对能力只是一个知识和技能的问题罢了!

精通各种战略

凡是伟大的人物,交际活跃的人,全都是健壮的战士,他们精通各种战略,以躲避明枪暗箭、冷讥热嘲以及迎面挥来的拳头,无所不能。他们知道每个成功的人,必须时时都要应对各种复杂局面,都必须挺身战斗,不仅为了维持尊严,亦应对他人的目光。他们更知道发怒有支配人的力量,唯有弱者没有敌人——可是,他们决不以引人畏惧为能事,他们不是鄙贱的嚣张者,也不易怒和好斗,他们绝对不是! 富兰克林曾说:"凡是必要的战斗,我从不回避。"这说明一切关键的所在——这些人唯有在必要时(假如战斗是控制大局的不二法则时)才从事战斗。

他们所常用的几种战斗方法,值得我们检讨一下……不论他们和人肉搏,或是仅仅要奚落一个讨厌的人,他们的策略是一贯的,那就是用最敏捷、可靠的方式取得胜利,那打击可能是正面的一拳,或仅是轻快冷峻的三言两语。

幽默不失为战斗方法

我们早已知道,幽默有时亦不失为一种战斗方法。

美国潘兴将军曾因陶惠士跟他捣乱,借用戏谑的反讽,给对手予以反击。原来,陶惠士以副总统的身份,参加庆祝腊辛登及康考德战役 150 周年纪念的典礼。潘兴随从左右,每次上检阅台,陶惠士必高呼潘兴之名,向观众介绍说:"此乃当今美国最伟大的军人!"潘兴为之局促不安,想借机报复。后来,潘兴乘机放了一支冷箭,终于使陶惠士安静下来。原来,当陶惠士向群众欢呼时,潘兴应声答着:"嗨! 查理! 当今最伟大的副总统有何吩咐?"

只守缄默亦可给人痛击

缄默有时亦可给人以痛击般猛烈的力度,因此制服他人的妙方,只是保持缄默而不理睬他。我们时常可以用这种简便的方法来制服人,不理睬一个人,便是对他的自信的严重打击。历史上伟大的成功者每战辄捷的原因之一,便是当对手失势时,他们依然能沉着应战,他们能控制住自己的愤怒,像瞄准枪弹后面的火药一样。——嬉笑怒骂对他们而言,往往是一种必胜的战略,只有稳操胜算之时才用着它。

领袖发怒好像施用昂贵军火

有预谋的发怒是拿破仑最善于使用的一种武器。当他在意大利打了胜仗以后,他曾一度使用这种方法,强迫奥国大使接受他的条件。当时,谈判犹豫不决,拖延了几个星期,最后拿破仑大发雷霆,把花瓶抛在地上,发威逼他们签了和约。有些人发怒,好似小孩子放鞭炮一样,仅仅为了一时高兴。但是领袖的发怒,好像施用昂贵的军火,威力十足。

怎样使用并控制嬉笑怒骂

　　真正的战士知道怎样使用并控制他的嬉笑怒骂,对每一个人,每一种场合,都能选择最好的攻击方法。他在攻击之前,都预先备好了阵势,更重要的是,他必须先决定战斗该采用何种适宜的策略。要一举成功,不只需要知道怎样作战,更要紧的是要知道什么时候才可以作战。

　　伟大的人物对于细微的侮辱和非难,都能泰然处之;他能忍耐,能和善待人,他知道如何排解无谓的愤怒。他以息事宁人、排难解纷为前提,不使人畏惧,但求得人好感,不尚威逼,但求感化。同样地,决不容许敌人的挑战,既与敌人开战,则必奋斗到底。因此你必须记住可稳操胜算的战斗方法,在你遇到对手和有胜算的局面之前,选择一条最便捷可靠的方法,须知攻击之道,不一而足,可小至冷讥热嘲,大至迎头痛击!

名人演讲精品

　　我们必须向上代学习,必须掌握人类已经取得的
最优秀的成果,然后再由此推陈出新。

我要拥抱鹰旗

(1814 年 4 月 20 日)

拿破仑·波拿巴

　　各位战友们,你们要善自珍重。这 20 年来,我们同在一起,
你们的行为使我不再希求什么了。我常常发现你们都在步向光
荣之路。只有你们才使得全欧洲的强权必须联合才能对付得了
我们。

　　我的一些将军对他们的责任以及对法国都不忠诚。法国本
身还有其他的事情要做。我实在可和你们以及忠心于我的勇敢
的人们再进行一场政变的,但是法兰西国会不会赞同。因此,请
你们忠于你们的新王,服从新指挥官,而且不要遗弃我们可爱的

国家。

　　你们不要为我的命运抱怨吧，只要我知道你们都快乐，我也会快乐的。我可能被赐死，但是，假使我能幸存，我将乐意去增进你们的光荣。我将会把我们所获得的伟大成就都写下来。

　　我不能拥抱你们全体，但我要拥抱你们的将军。来吧！小将军，我将紧紧拥抱着你！给我鹰旗吧，我也要拥抱它！啊！亲爱的鹰旗，我希望我给您的吻会在您最近的子孙上有所回应啊！再见，孩子们，我将永远祝福你们！你们也不要忘了我啊！

向旧日的侍卫队告别

（1815 年）

拿破仑·波拿巴

我的老卫队士兵们：

　　我向你们告别。20 年来，我一直陪伴你们走在光荣的道路上。在最近的这些年月里，你们一如我们全盛时期那样，始终是勇敢与忠诚的模范。有了像你们这样的兵士，我们的事业是不会失败的。但是这样战事就不会结束，却要成为内战，法国就会蒙受更深的苦难。

　　为了国家的利益，我已经牺牲了我的一切利益。

　　我要离去了，但是你们，我的朋友，还要继续为法兰西服务。过去唯一想到的是法兰西的幸福，今后，这仍将是我的愿望。不要为我的命运惋惜;我之所以同意活下去,那也是为了你们的光荣。我准备将我们过去共同取得的伟大成就写下来。别了,朋友们,但愿我能把你们都紧紧地抱在心里。

非战胜,决不离开战场

(公元前48年)

恺　撒

我的朋友们,我们已经战胜了我们更可怕的敌人,现在我们所要对付的不是饥饿和贫乏,而是人。一切决定于今日。记着你们在提累基阿姆时给我的诺言。记着你们是怎样当着我的面前,彼此宣誓:非战胜,决不离开战场。同伴士兵们啊! 这些人就是我们过去在赫丘利的石柱所遇着的那些人,就是在意大利从我们面前溜跑了的那些人,他们就是在我们十年艰苦奋斗之后,在我们完成那些伟大战争之后,在我们取得无数胜利之后,在我们为祖国在西班牙、高卢和不列颠增加了400个属国之后,不予我们以荣誉,不予我们以凯旋,不予我们以报酬,而要解散我们的那些人。我向他们提出公平的条件,不能说服他们;我给他们以利益,也不能争取他们。你们知道,他们中间有些人是我释放的,不加伤害,希望我们使他们有一点正义感。今天你们要回忆所有这些事实;如果你们对于我有些体会的话,你们也要回忆我对你们的照顾、我的忠实和我所慷慨地给予你们的馈赠。

吃苦耐劳的老练士兵战胜新兵也是不难的,因为新兵没有战斗经验,并且他们像儿童一样,不守纪律,不服从他们的指挥官。我听说,他害怕,不愿作战。他的时运已经过去了;他在一切行动中,变为迟钝而犹疑;他已经不是自己发号施令,而是服从别人的命令了。我说这些事情,只是对他的意大利军队而言。至于他的同盟军,不要去考虑他们,不要注意他们,根本不要和他们战斗。我知道得很清楚,你们马上就会看见,庞培自己不会在战斗行列中给他们以地位的。纵或这些同盟军像狗一样向你们周围跑来威胁你们的时候,你们也只要注意意大利人的士兵。当你们已经击溃敌人的时候,让我们饶恕意大利士兵,因为他们是我们的同族人,而只屠杀同盟军,使其他的人感到恐怖。为了使我知道你们没有忘记你们不胜即死的诺言起见,当你们跑去作战的时候,首先摧毁你们军营的壁垒,填起壕沟;这样,如果我们不战胜的话,我们没有逃避的地方,使敌人看见我们没有军营,知道我们不得不在他们的军营里驻扎。

拿破仑墓前的演说

(1921 年 5 月 5 日)

费汀纳德·福熙

只要想一想,1796 年,拿破仑年仅 27 岁已经崭露头角,就不难知道他天赋资质非凡。他把自己的天才不断地用于一生的丰功伟业之中。

由于禀赋这种天才，他在人类军事史上走出了一条光辉的道路。他高举战无不胜的鹰旗从阿尔卑斯山进军到埃及的金字塔，从塔古斯河之滨到莫斯科河两岸。在飞舞的军旗下，他建立的赫赫战功超越亚历山大大帝、汉尼拔大将和恺撒大帝。这样，他以惊人的天才，不甘守成和好大喜功的本性成为胜过一切其他人的最伟大的领袖人物。这种本性，有利于战争，但对维持和平的均势却很危险。

他把战争艺术提高到从未有过的高度，而这就把他推到了岌岌可危的巅峰。他把国家的荣耀和他个人的荣耀视为一体，他要以武力控制各国的命运。他以为一个个人能够以惨痛的牺牲为代价得到一系列的胜利，换来本民族的繁荣；以为这个民族可以靠光荣而不是靠劳动获得生存；以为那些被征服而失去独立的国家不会一朝奋起，列出阵容强大、士气高昂、战无不胜的义师，推翻武力统治，重新赢得独立；以为在文明世界里，道德公理不应比完全靠武力形成的力量更强大，不管这支部队有多大。正是由于这样，拿破仑走了下坡路。他不是缺乏天才，而是由于他想做那些不可能的事。他想以当时财枯力竭的法国使整个欧洲屈膝，岂知当时欧洲已经总结了失败的教训，很快就全面武装起来。

当然，每个人都有自己的责任。但是，比指挥军队克敌制胜更重要的是，按照祖国的需要为祖国服务，使正义在一切地方受到尊重。和平高于战争。

的确，在处理人的问题时，如果将依赖个人的见识与才智歪曲为只尊重个人制定的社会道德法律，歪曲我们作为文明基础和基督教本质的自由、平等、博爱的原则，那么，即使是最有天才的人，也肯定会犯错误。

陛下，请安息吧。你英灵未泯，你的精神仍然在为法兰西服务。每次国家危难的时刻，我们的鹰旗依然迎风招展。如果我们的军队能在你建造的凯旋门下胜利归来，那是因为奥斯特列茨的宝剑为他们指引了方向，教导他们如何团结起来带领军队取得胜利。我们研究思索你的言行，战争的技艺便日益发展。只有恭谨地、认真地学习你不朽的光辉思想，我们的后代子孙才能成功地掌握作战的知识和统军的策略，以完成保卫我们祖国的神圣事业。

"我也是义和团"

——在纽约勃克莱博物馆公共教育协会上的演说

（1901 年）

马克·吐温

我想，要我到这里来讲话，并不是因为把我看作一位教育专家。如果是那样，就会显得在你们方面缺少卓越的判断，并且仿佛是要提醒我别忘记了我自己的弱点。

我坐在这里思忖着，终于想到了我所以被邀请到这里来，是有两个原因：一个原因是让我这个曾在大洋之上漂流的不幸的旅客懂得一点你们这个团体的性质与规模，让我懂得，世界上除了我以外，还有别的一些人正在做有益于社会的事，从而对我有所启迪;另一个原因是你们之所以邀请我,是为了通过对照来告诉我,教育如果得法,会有多大的成效。

尊敬的主席先生刚才说,曾在巴黎博览会上获得赞扬的有关学校的图片已经送往俄国,俄国政府对此深表感谢——这对我来说,倒是非常诧异的事。因为还只是一个刻钟以前,我在报上读到一段新闻,一开头便说:"俄国准备实行节约。"我倒是没有料到会有这样的事。我当即想,要是俄国实行了节约,能把眼下派到满洲去的三万军队召回国,让他们在和平生活中安居乐业,那对俄国来说是多大的好事。

我还想,这也是德国应该毫不拖延地干的事,法国以及其他在中国派有军队的国家都该跟着干。为什么不让中国摆脱那些外国人,他们尽在她的土地上捣乱。如果他们都能回到老家去,中国人将在他们自己的国土上安居乐业。既然我们并不准许中国人到我们这儿来,我愿郑重声明:让中国人自己去决定,哪些人可以到他们那里去,那便是谢天谢地的事了。

外国人不需要中国人,中国人也不需要外国人。在这一点上,我任何时候都是和义和团站在一起的,义和团是爱国者。他们爱他们自己的国家胜过爱别的民族的国家。我祝愿他们成功。义和团主张要把我们赶出他们的国家。我也是义和团,因为我也主张把他们赶出我们的国家。

我把俄国电讯再看了一下,这样,我对世界和平的梦想便消失了。电讯上说,保持军队所需的巨额费用使得节约非实行不可,因而政府决定,为了维持这支军队的费用,便必须削减公立学校的经费。而我们则认为,国家的伟大来自公立学校。

试看历史怎样在全世界范围内重演,这是多么奇怪。我记得,当我还是密西西比河上一个小孩子的时候,曾有同样的事发生过。有一个镇子也曾主张停办公立学校,因为那太费钱了。

有一位老农站出来说了话,说他们要是把学校停办的话,他们不会省下什么钱,因为每关闭一所学校,就得多修造一座牢狱。

这如同把一条狗身上的尾巴用作饲料来喂养这条狗,它肥不了。我看,支持学校要比支持监狱强。

你们这个协会的活动,和沙皇和他的全体臣民比,显得具有更高的智慧。这倒不是过奖的话,而是说的我的心里话。

巴黎的自由之树

(1848 年)

维克多·雨果

我怀着高兴的心情答应了同胞们的要求,来到这里与他们一起,为获得解放的希望,或者说为建立秩序的希望,为和平的希望而欢呼。这些希望将会萌芽,与自由之树的根交织在一起。

这棵树作为自由的象征是多么恰如其分和美好!正像树木扎根于大地之心,自由之树根扎在人民心中;像树木一样,自由把它的枝叶伸向天空;像树木一样,自由常青不枯,让人们世世代代享受荫蔽。

18 个世纪以前,上帝亲手在各地栽下了第一棵自由之树!这第一棵自由之树就是耶稣为人类的自由、平等和博爱而献身的那个十字架!

18个世纪过去了,那棵树的意义没有发生任何变化!不过,我们切不可忘记,新的时代赋予新的使命。我们的父辈60年前进行的革命以战争显示了它的伟大;而你们今天所进行的革命应该以和平作为其伟大的标志。前者是摧毁,后者应该是兴建!兴建是摧毁之举必不可少的补充,正是这一点将1848年与1789年紧密地联系起来。建设、创造、生产、抚慰,实现人类一切权利,发挥人类一切卓越的才能,满足一切需求——这就是未来的任务。而在我们生活的时代,未来即在眼前!

我们甚至可以说,未来不远,即在明日!未来始于今日!干起来吧!用双手劳作的工人们,以知识为工具的工人们,我的听众,我身边所有的人们,大家干起来吧!让我们同心同德在同一个思想指导下,为了同一个目标,共同完成这个把各国人民像兄弟般团结在一起的伟大任务。让我们摒嫌弃怨,不惜辛劳,不吝汗水。让我们向身边和世界上所有的人播撒同情、善意和博爱。

3个世纪以来全世界追随着法国,在这3个世纪中,法国一直是国中之首。你可知道"国中之首"的含义?这意味着最伟大,也应该是最优秀。我的朋友们、兄弟们、公民们、伙伴们,让我们以自己光辉的榜样在世界上建立起我们理想的帝国!让每个国家都以模仿法国为乐,以模仿法国为荣。

让我们在一个共同的思想指导下团结起来,请与我一起高呼:"环宇自由万岁!环宇自由万万岁!"

名人演讲精品

不自由，毋宁死

（1775 年 3 月 23 日）

帕特里克·亨利

议长先生：

我比任何人更钦佩刚刚在议会上发言的先生们的爱国精神和才能。但是，对同一事物的看法往往因人而异。因此，尽管我的观点与他们截然不同，我还是要毫无保留地、自由地予以阐述，并且希望不要因此而被视作对先生们的不敬。现在不是讲客气的时候。摆在议会代表们面前的问题关系到国家的存亡。我认为，这是关系到享受自由还是蒙受奴役的大问题，而且正由于它事关重大，我们的辩论就必须做到各抒己见。只有这样，我们才有可能弄清事实真相，才能不辜负上帝和祖国赋予我们的重任。在这种时刻，如果怕冒犯别人而闭口不言，我认为就是叛国，就是对比世间所有国君更为神圣的上帝的不忠。

议长先生，对希望抱有幻觉是人的天性。我们易于闭起眼睛不愿正视痛苦的现实，并倾听海妖惑人的歌声，让她把我们化作禽兽。在为自由而艰苦卓绝的斗争中，这难道是有理智的人的作为吗？难道我们愿意成为获得自由这样休戚相关的事视而不见、充耳不闻的人吗？就我来说，无论在精神上有多么痛苦，我仍然愿意了解全部事实真相和最坏的事态，并为之做好充分准备。

我只有一盏指路明灯，那就是经验之灯。除了过去的经验，我没有什么别的方法可以判断未来。而依据过去的经验，我倒希望知道，10年来英国政府的所作所为，凭什么足以使各位先生有理由满怀希望，并欣然用来安慰自己和议会？难道就是最近接受我们请愿时的那种狡诈的微笑吗？不要相信这种微笑，先生，事实已经证明它是你们脚边的陷阱。不要被人家的亲吻出卖吧！请你们自问，接受我们请愿时的和气亲善和遍布我们海陆疆域的大规模备战如何能够相称？难道出于我们的爱护与和解，有必要动用战舰和军队吗？难道我们流露出决不和解的愿望，以至为了赢回我们的爱，而必然诉诸武力吗？我们不要欺骗自己了，先生！这些都是战争和征服的工具，是国王采取的最后论辩手段。我要请问先生们，这些战争部署如果不是为了迫使我们就范，那又意味着什么？哪位先生能够指出有其他动机？难道在世界的这一角，还有别的敌人值得大不列颠如此兴师动众，集结起庞大的海陆武装吗？不，先生们，没有任何敌人了。一切都是针对我们的，而不是别人。他们是派来给我们套紧那条由英国政府长期以来铸造的锁链的，我们应该如何抵抗呢？还靠辩论吗？先生，我们已经辩论了10年了。难道还有什么新的御敌之策吗？没有了。我们已经从各方面经过了考虑，但一切都是枉然。难道我们还要苦苦哀告，卑词乞求吗？难道我们还有什么更好的策略没有使用过吗？先生，我请求你们，千万不要再自欺欺人了。为了阻止这场即将来临的风暴，一切该做的都已经做了。我们请愿过，我们抗议过，我们哀求过；我们曾拜倒在英王御座前，恳求他制止国会和内阁

名人演讲精品

的残暴行径。可是,我们的请愿受到蔑视,我们的抗议反而招致更多的镇压和侮辱,我们的哀求被置之不理,我们被轻蔑地从御座边一脚踢开了。事到如今,我们怎么还能沉迷于虚无缥缈的和平希望之中呢?没有任何希望的余地了。假如我们想获得自由,并维护我们多年以来为之献身的崇高权利,假如我们不愿彻底放弃我们多年来的斗争,不获全胜,绝不收兵。那么,我们就必须战斗!我再重复一遍,我们必须战斗!我们只有诉诸武力,只有求助于万军之主的上帝。

议长先生,他们说我们太弱小了,无法抵御如此强大的敌人。但是我们何时才能强大起来?是下周,还是明年?难道要等到我们被彻底解除武装,家家户户都驻扎英国士兵的时候?难道我们犹豫迟疑、无所作为就能积聚起力量吗?难道我们高枕而卧,抱着虚幻的希望,待到敌人捆住了我们的手脚,就能找到有效的御敌之策了吗?先生们,只要我们能妥善地利用自然之神赐予我们的力量,我们就不弱小。一旦300万人民为了神圣的自由事业,在自己的国土上武装起来,那么任何敌人都无法战胜我们。此外,我们并非孤军作战,公正的上帝主宰着各国的命运,他将号召朋友们为我们而战。先生们,战争的胜利并非只属于强者。它将属于那些机警、主动和勇敢的人们。何况我们已经别无选择。即使我们没有骨气,想退出战斗,也为时已晚。退路已经切断,除非甘受屈辱和奴役。囚禁我们的枷锁已经铸成。丁当的镣铐声已经在波士顿草原上回响。战争已经无可避免——让它来吧!我重复一遍,先生,让它来吧!

企图使事态得到缓和是徒劳的。各位先生可以高喊:和平!和平!但根本不存在和平。战斗实际上已经打响。从北方刮来的风暴把武器的铿锵回响传到我们的耳中。我们的弟兄已经奔赴战场！我们为什么还要站在这里袖手旁观呢？先生们想要做什么？他们会得到什么？难道生命就这么可贵，和平就这么甜蜜，竟值得以镣铐和奴役作为代价？全能的上帝啊，制止他们这样做吧！我不知道别人会如何行事；至于我，不自由，毋宁死！

我有一个梦

（1963 年 8 月 28 日）

马丁·路德·金

今天，我高兴地同大家一起，参加这将成为我国历史上为了争取自由而举行的最伟大的示威集会。

100 年前，一位伟大的美国人——今天我们就站在他象征性的身影下——签署了《解放宣言》。这项重要法令的颁布，对于千百万灼烤于非正义残焰中的黑奴，犹如带来希望之光的硕大灯塔，恰似结束漫漫长夜禁锢的欢畅黎明。

然而，100 年后，黑人依然没有获得自由。100 年后，黑人依然悲惨地蹒跚于种族隔离和种族歧视的枷锁之下。100 年后，黑人依然生活在物质繁荣瀚海的贫困孤岛上。100 年后，黑人依然在美国社会中向隅而泣，依然感到自己在国土家园中流离漂泊。所以，我们今天来到这里，要把这骇人听闻的情况公之于众。

从某种意义上说，我们来到国家的首都是为了兑现一张期票。我们共和国的缔造者在拟写宪法和独立宣言的辉煌篇章时，就签订了一张每一个美国人都能继承的期票。这张期票向所有人承诺——不论白人还是黑人——都享有不可剥夺的生存权、自由权和追求幸福的权利。

然而，今天美国显然对他的有色公民拖欠着这张期票。美国没有承兑这笔神圣的债务，而是开给黑人一张空头支票——一张盖着"资金不足"的印戳被退回的支票。但是，我们绝不相信正义的银行会破产。我们绝不相信这个国家巨大的机会宝库会资金不足。

因此，我们来兑现这张支票。这张支票将给我们以宝贵的自由和正义的保障。

我们来到这块圣地还为了提醒美国：现在正是万分紧急的时刻。现在不是从容不迫悠然行事或服用渐进主义镇静剂的时候。现在是实现民主诺言的时候。现在是走出幽暗荒凉的种族隔离深谷，踏上种族平等的阳关大道的时候。现在是使我们国家走出种族不平等的流沙，踏上充满手足之情的磐石的时候。现在是使上帝的所有孩子真正享有公正的时候。

忽视这一时刻的紧迫性，国家将会是致命的。自由平等的朗朗秋日不到来，黑人顺情合理哀怨的酷暑就不会过去。1963年不是一个结束，而是一个开端。

如果国家依然我行我素，那些希望黑人只需出出气就会心满意足的人将大失所望。在黑人得到公民权之前，美国既不会安宁，也不会平静。反抗的旋风将继续震撼我们国家的基石，直至光辉灿烂的正义之日来临。

但是,对于站在通向正义之宫艰险门槛上的人们,有一些话我必须要说。在我们争取合法地位的过程中,切不要错误行事导致犯罪。我们切不要吞饮仇恨辛酸的苦酒,来消除对于自由的饥渴。

我们应该永远得体地、纪律严明地斗争。我们不能容许我们富有创造性的抗议沦为暴力行动。我们应该不断升华到用灵魂力量对付肉体力量的崇高境界。

席卷黑人社会的新的奇迹般的战斗精神,不应导致我们对所有白人的不信任——因为许多白人兄弟已经认识到:他们的命运同我们的命运紧密相连,他们的自由同我们的自由休戚相关。他们今天来到这里参加集会就是明证。

我们不能单独行动。当我们行动时,我们必须保证勇往直前。我们不能后退。有人问热心民权运动的人:“你们什么时候会感到满意?”只要黑人依然是不堪形容的警察暴行恐怖的牺牲品,我们就绝不会满意;只要我们在旅途劳顿之后,却被公路旁汽车游客旅社和城市旅馆拒之门外,我们就绝不会满意;只要黑人的基本活动范围只取于从狭小的黑人居住区到较大的黑人居住区,我们就绝不会满意;只要我们的孩子被“仅供白人”的牌子剥夺个性,损毁尊严,我们就绝不会满意。

只要密西西比州的黑人不能参加选举,纽约州的黑人认为他们与选举毫不相干,我们就绝不会满意。不,不,我们不会满意,直到公正似水奔流,正义如泉喷涌。

我并非没有注意到,你们有些人历尽艰难困苦来到这里。你们有些人刚刚走出狭小的牢房;有些人来自因追求自由而遭受迫害风暴袭击和警察暴虐狂飙摧残的地区;你们饱经风霜,历尽苦难。继续努力吧！要相信:无辜受苦终得拯救!

　　回到密西西比去吧;回到亚拉巴马去吧;回到南卡罗来纳去吧;回到佐治亚去吧;回到路易斯安那去吧;回到我们北方城市中的贫民窟和黑人居住区去吧。要知道,这种情况能够而且将会改变。我们切不要在绝望的深渊里沉沦。

　　朋友们,今天我要对你们说,尽管眼下困难重重,但我依然怀有一个梦。这个梦深深植根于美国梦之中。

　　我梦想有一天,这个国家将会奋起,实现其立国信条的真谛:"我们认为这些真理不言而喻:人人生而平等。"我梦想有一天,有佐治亚州的红色山冈上,昔日奴隶的儿子能够同昔日奴隶主的儿子同席而坐,亲如手足。

　　我梦想有一天,甚至连密西西比州——一个非正义和压迫的热浪逼人的荒漠之州,也会改造成自由和公正的青青绿洲。

　　我梦想有一天,我的四个小儿女将生活在一个不是以皮肤的颜色,而是以品格的优劣作为评判标准的国家里。

　　我今天怀有一个梦。

　　我梦想有一天,亚拉巴马州会有所改变——尽管该州州长现在仍滔滔不绝地说什么要对联邦法令提出异议和拒绝执行——在那里,黑人儿童能够与白人儿童兄弟姐妹般地携手并行。

　　我今天怀有一个梦。

　　我梦想有一天,深谷弥合,高山夷平,崎路化坦途,曲径成通衢,上帝的光华再现,普天下生灵共谒。

　　这是我们的希望。这是我将带回南方去的信念。有了这个信念,我们就能从绝望之山开采希望之石。有了这个信念,我们就能把这个国家嘈杂刺耳的争吵声,变为充满手足之情的悦耳交响曲。有了这个信念,我们就能一同工作、一同祈祷、一同斗争、一同入狱、一同维护自由。因为我们知道,我们终有一天会获得自由。

到了这一天,上帝的所有孩子能以新的含义高唱这首歌:

我的祖国,

可爱的自由之邦。

我为您歌唱。

这是我祖先终老的地方,

这是早期移民自豪的地方,

让自由之声,

响彻每一座山岗。

如果美国要成为伟大的国家,这一点必须实现。因此,让自由之声响彻新罕布什尔州的巍峨高峰!

让自由之声响彻纽约州的崇山峻岭!

让自由之声响彻宾夕法尼亚州的阿勒格尼高峰!

让自由之声响彻科罗拉多州冰雪皑皑的落基山!

让自由之声响彻加利福尼亚州的婀娜群峰!

不,不仅如此;让自由之声响彻佐治亚州的石山!

让自由之声响彻田纳西州的瞭望山!

让自由之声响彻密西西比州的一座座山峰,一个个土丘!

让自由之声响彻每一个山冈!

当我们让自由之声轰响,当我们让自由之声响彻每一个大村小庄、每一个州府城镇,我们就能加速这一天的到来。那时,上帝的所有孩子,黑人和白人,犹太教徒和非犹太教徒,耶稣教徒和天主教徒,将能携手同唱那首古老的黑人灵歌:"终于自由了! 终于自由了! 感谢全能的上帝,我们终于自由了!"

历史将宣判我无罪

(1953 年 10 月 16 日)

菲德尔·卡斯特罗

诸位法官先生,这里所发生的现象是非常罕见的:一个政府害怕将一个被告带到法庭上来;一个恐怖和血腥的政权惧怕一个无力自卫、手无寸铁、遭到隔离和诬蔑的人的道义信念。这样,在剥夺了我的一切之后,又剥夺了我作为一名主要被告出庭的权利。请注意,所有这些都发生在停止一切保证、严格地执行公共秩序法以及对传播、报刊进行检查的时候。现政权该是犯下了何等骇人的罪行,才会这样惧怕一个被告的声音啊!

我应该强调指出那些军事首脑们一向对你们所持的傲慢不逊的态度。法庭一再下令停止施加于我的非人的隔离,一再下令尊重我最起码的权利,一再要求将我交付审判,然而无人遵从,所有这些命令一个一个地都遭到抗拒。更恶劣的是,在第一次和第二次开庭时,就在法庭上,在我身旁围了一道卫队防线,阻止我同任何人讲话——哪怕是在短短的休息的时候,这表明他们不仅在监狱里,而且即使是在法庭上,在你们各位面前,也丝毫不理会你们的规定。当时,我原打算在下次出庭时把它作为一个法院的起码的荣誉问题提出来,但是……我再也没有机会出庭了。他们作出了那些傲慢不逊的事之后,终于把我们带到这儿来,为的是要你们以法律的名义——而恰恰是他们,也仅仅是他们从 3 月 10 日以来一直在践踏法律——把我们送进监狱,他们要强加给你们的角色实在是极其可悲的。"愿武器顺从袍服"这句拉丁谚语在这里一次也没有实现过。我要求你们多多注意这种情况。

但是,所有这些手段到头来都是完全徒劳的,因为我的勇敢的伙伴们以空前的爱国精神出色地履行了他们的职责。

"不错,我们是为古巴的自由而战斗,我们决不为此而反悔。"当他们挨个被传去讯问的时候,大家都这样说,并且跟着就以令人感动的勇气向法庭揭露在我们的兄弟们的身上犯下的可怕的罪行。虽然我不在场,但是由于博尼亚托监狱的难友们的帮助,我能够足不出牢房而了解审判的全部详情,难友们不顾任何严厉惩罚的威胁,运用各种机智的方法将剪报和各种情报传到我的手中。他们就这样地报复监狱长塔沃亚达和副监狱官罗萨瓦尔的胡作非为,这两个人让他们一天到晚地劳动,修建私人别墅,贪污他们的生活费,让他们挨饿。

随着审判的进展,双方扮演的角色颠倒了过来;原告结果成了被告,而被告却变成了原告。在那里受审的不是革命者,而是一位叫作巴蒂斯荷先生……杀人魔王!……如果明天这个独裁者和他的凶残的走狗会遭到人民的判决的话,那么这些勇敢而高尚的青年人现在受到判决又算得了什么呢。他们被送往皮诺斯岛,在那里的环形牢房里,卡斯特尔斯的幽灵在徘徊,无数受害者的呼声还萦绕在人们耳中。他们被带到那里,离乡背井,被放逐到祖国之外,隔绝在社会之外,在苦狱中磨灭他们对自由的热爱。难道你们不认为,正像我所说的,这样的情况对本律师履行他的使命来说不是愉快的和困难的吗?

经过这些卑鄙和非法的阴谋以后,根据发号施令者的意志,也由于审判者的软弱,我被押送到了市立医院这个小房间里,在这里悄悄地对我进行审判,让别人听不到我的讲话,压住我的声音,使任何人都无法知道我将要说的话。那么,庄严的司法大厦又有什么用呢?毫无疑问,法官先生们在那里要感到舒适得多。我提醒你们注意一点:在这样一个由带着锋利的刺刀的哨兵包围着的医院里设立法庭是不合适的,因为人民可能认为我们的司法制度病了……被囚禁了……

我请你们回忆一下,你们的诉讼法规定,审判应当"公开进行,允许旁听";然而这次开庭却绝对不许人民出庭旁听。只有两名律师和六名记者获准出庭,而新闻检察却不许记者在报纸上发表片言只语。我看到,在这个房间里和走廊上,我所仅有的听众是百名士兵和军官。这样亲切地认真关怀我,太叫我感谢了!但愿整个军队都到我面前来!我知道,总有那么一天,他们会急切地希望洗净一小撮没有灵魂的人为实现自己的野心而在他们的军服上溅上的耻辱和血的可怕的污点。到那一天,那些今天逍遥自在地骑在高尚的士兵背上的人们可够瞧的了……当然这是假定人民没有早就把他们打倒的话。

最后,我应该说,我在狱中不能拿到任何论述刑法的著作。我手头只有一部薄薄的法典,这是一位律师——为我的同志辩护的英勇的包迪利奥·卡斯特利亚诺斯博士刚刚借给我的。同样,他们也禁止马蒂的著作到我手中。看来,监狱的检察当局也许认为这些著作太富于颠覆性了吧。也许是因为我说过马蒂是7月26日事件的主谋的缘故吧。

此外还禁止我携带有关任何其他问题的参考书出庭。这一点也没关系！导师的学说我铭刻在心，一切曾保卫各国人民自由的人们的崇高理想，全都保留在我的脑海中。

我对法庭只有一个要求：为了补偿被告在得不到任何法律保护的情况下所遭受的这么多无法无天的虐待，我希望法庭应允我这一要求，即尊重我完全自由地表达我的意见的权利。不这样的话，就连一点纯粹表面的公正也没有了，那么这次审判的最后这一段将是空前的耻辱和卑怯。

我承认，我感到有点失望。我原来以为，检察官先生会提出一个严重的控告，会充分说明，根据什么论点和什么理由来以法律和正义的名义（什么法律，什么正义?!）应该判处我26年徒刑。然而没有这样。他仅仅宣读了社会保安法第148条，根据这条以及加重处分的规定，要求判处我26年徒刑。我认为，要求把一个人送到不见天日的地方关上四分之一世纪以上的时间，只花两分钟提出要求和陈述理由，那是太少了。也许检察官先生对法庭感到不满意吧？因为，据我看到，他在本案上三言两语了事的态度，同法官先生们颇有点儿矜持地宣布这是一场重要审讯的庄严口吻对照起来，简直是开玩笑。因为，我曾经看到过，检察官先生在一件小小的贩毒案上做十倍长的滔滔发言，而只不过要求判某个公民六个月徒刑。检察官先生没有就他的主张讲一句话。我是公道的……我明白，一个检察官既然曾经宣誓忠诚于共和国宪法，要他到这里代表一个合法的、虽有法规为依据，但是没有任何法律和道义基础的事实上的政府，要求把一个古巴青年,一个像他一样的律师,一个……也许像他一样真正的人判处 26 年徒刑,那是很为难的。然而检察官先生是一位有才能的人,我曾看到许多才能比他差得远的人写下长篇累牍的东西,为这种局面辩护。那么,怎能认为他是缺乏为此辩护的理由,怎能认为——不论任何正直的人对此是感到如何厌恶——他哪怕是谈一刻钟也不成呢?毫无疑问,这一切隐藏着幕后的大阴谋。

诸位法官先生:为什么他们这么想让我沉默呢?为什么甚至中止任何申述,让我可以有一个驳斥的目标呢?难道完全缺乏任何法律、道义和政治的根据,竟不能就这个问题提出一个严肃的论点吗?难道是这样害怕真理吗?难道是希望我也只讲两分钟,而不涉及那些自 7 月 26 日以来就使某些人夜不成眠的问题吗?检察官的起诉只限于念一念社会保安法的一条五行字的条文,难道他们以为,我也只纠缠在这一点上,像一个奴隶围着一扇石磨那样,只围绕着这几行字打转吗?但是,我绝不接受这种约束,因为在这次审判中,所争论的不仅仅是某一个人的自由的问题,而是讨论根本原则问题,是人的自由权利遭到审讯的问题,讨论我们作为文明的民主国家存在的基本的问题。我不希望,当这次审判结束时,我会因为不曾维护原则、不曾说出真理、不曾谴责罪行而感到内疚。

检察官先生这拙劣的大作不值得花一分钟来反驳。我现在只限于在法律上对它做一番小小的批驳,因为我打算先把战场上七零八碎的东西扫除干净,以便随后对一切谎言、虚伪、伪善、因循苟且和道德上的极端卑怯大加讨伐,这一切就是 3 月 10 日以来、甚至在 3 月 10 日以前就已开始在古巴称为司法的粗制滥造的滑稽剧的基础。

留别北大学生的演说

（1920 年）

刘半农

今天是北京大学第 22 周年的纪念日。承校长蔡先生的好意，因为我不日就要往欧洲去了，招我来演说，使我能与诸位同学，有个谈话的机会，我很感谢。

我到本校担任教员，已有 3 年了。因为我自己限于境遇，没有能受到正确的、完备的教育，稍微有一点知识，也是不成篇段、没有系统的，所以自从到校以来，时时惭愧，时时自问有许多辜负诸位同学的地方。所以我第一句话，就要请诸位同学，承受我这很真诚的道歉。

就我三年来的观察，知道诸位同学，大都是觉醒的青年；若依着这三年来的趋势发展，我敢说，将来东亚大陆文化的发展，完全寄附在诸位身上。所以我对于诸位，不必再说什么，只希望诸位本着自己已有觉悟，向前猛进。

如今略说我此番出去留学的趣旨，以供诸位的参考。

我们都知道人类工作的交易，是造成世界的元素；所以我们生长于世界之中，每个人都应当作一份工。这做工，就是人类的天赋的责任。

神圣的工作，是生产工作。我们因为自己的意志的选择，或别种原因,不能做生产工作,而做这非生产的工作,在良心上已有一分的抱歉,在社会中已可算得一个"寄生虫"。所以我们于这有缺憾之中,要做到无缺憾的地步,其先决问题,就是要做"益虫",不做"害虫"。那就是说,应当做有益于生产的工作者的工,做一般生产的工作者所需要而不能兼顾的工。

而且非但要做,还要尽力去做,要把我们一生的精力完全放进去做。不然,我们若然自问——

我们有什么特权可以不耕而食?

我们有什么特权可以不织而衣?岂不要受良心的裁判么?

这便叫作"职任"。

因其是职任,所以我们一切个人的野心或希冀,都应该消灭。那吴稚晖先生所说"面筋学生"一类的野心,我们诚然可以自认没有;便是希望做"学者"做"著作家"的高等野心,也尽可以不必预先存着。因为这只可以从反面说过来。若然我们的工做得好,社会就给我这一点特别酬劳;不能说,我们因为要这个特别酬劳才去做工(我们应得的酬劳,就是我们天天享用的,已经丰厚)。若然如此,我们一旦不要了,就可以不做,那叫得什么责任?

如此说,可见我此番出去留学,不过是为希望能尽职起见,为希望我的工作做得圆满起见,所取的一种相当的手续,并不把留学当作充满个人欲望的一种工具。

我愿意常常想起我自己的这一番话,所以我把它贡献于诸位。

还有一层,我也引为附带的责任的,就是我觉得本校的图书馆太不完备,打算到了欧洲,把有关文化的书籍,尽力代为采购;

还有许多有关东亚古代文明的书或史料，流传到欧洲去的，也打算设法抄录或照相，随时寄回，以供诸位同学的研究。图书馆是大学的命脉，图书馆里多有一万本好书，效用亦许可以抵上三五个好教授。所以这件事，虽然不容易办，但我尽力去办。

结尾的话是，我是中国人，自然要希望中国发达，更希望我回来时，中国已不是今天这样的中国。但是我对于中国的希望，不是一般的去国者，对于"祖国"的希望，以为应当如何练兵，如何造舰，我是——

希望中国的民族，不要落到人类的水平线下去；

希望世界的文化史上，不要把中国除名。

怎么样才可以做到这一步？——还要归结到我们的职任。

未有天才之前

（1924 年 1 月 17 日在北京师范大学附属中学校友会讲）

鲁　迅

我自己觉得我的讲话不能使诸君有益或者有趣，因为我实在不知道什么事，但推托拖延得太长久了，所以终于不能不到这里来说几句。

我看现在许多人对于文艺界的要求的呼声之中，要求天才的产生也可以算是很盛大的了，这显然可以反证两件事：一是中国现在没有一个天才，二是大家对于现在的艺术的厌薄。天才究竟有没有？也许有着罢，然而我们和别人都没有见。倘使据了见闻，就可以说没有，不但天才，还有使天才得以生长的民众。

天才并不是自生自长在深林荒野里的怪物，是由可以使天才生长的民众产生，长育出来的，所以没有这种民众，就没有天才。有一回拿破仑过 Alps，说："我比 Alps 山还要高！"这何等英伟，然而不要忘记他后面跟着许多兵；倘没有兵，那只有被山那面的敌人捉住或者赶回。他的行动、言语，都离了英雄的界线，要归入疯子一类了。所以我想，在要求天才的产生之前，应该先要求可以使天才生长的民众——譬如想有乔木，想看好花，一定要有好土；没有土，便没有花木了；所以土实在较花木还重要。花木非有土不可，正同拿破仑非有好兵不可一样。

骗　术

乔治·居维叶是法国动物学家，是比较解剖学的奠基人，在古生物学方面颇有造诣。一天夜里，乔治·居维叶办公室的门被两只大犄角顶开了，一只"怪兽"冲了进来。它浑身是猛兽的皮毛，张开血盆大口，露出巨齿獠牙，看上去十分可怕。"怪兽"冲进来后，用恐怖的声音大喊道："我要吃掉你！"乔治·居维叶当时正在埋头工作，听到喊声，他用眼光扫了一下来者，一看到"怪兽"的四只蹄子，便哈哈大笑起来："哪里冒出来的大怪物？你是吃不掉我的！自然法则告诉我，一切带蹄子的动物都是吃草的。"化装成怪兽的学生只得解开兽皮，摘下面具，望着自己的"蹄子"，后悔忘记了老师平时教过的生物学常识。生活中，人们时常会遇到各种装神弄鬼、妖言惑众之人，揭穿"妖术"其实并不难，人们只需要用一点点科学的常识。

然而现在社会上的论调和趋势，一面固然要求天才，一面却要他灭亡，连预备的土也想扫尽。举了出几样来说：

　　其一就是"整理国故"。自从新思潮来到中国以后，其实何尝有力，而一群老头子，还有少年，却已丧魂失魄地来讲国故了，他们说，"中国自有许多好东西，都不整理保存，倒去求新，正如放弃祖宗遗产一样不肖"。抬出祖宗来说法，那自然是极威严的，然而我总不信在马褂未洗净叠好之前，便不能做一件新马褂。就现状而言，做事本来还随各人的自便，老先生要整理国故，当然不妨去埋在南窗下读死书。至于青年，却自有他们的活学问和新艺术，各干各事，也还没有大妨害的，但若拿了这面旗子来号召，那就是要中国永远与世界隔绝了。倘以为大家非此不可，那更是荒谬绝伦！我们和古董商人谈天，他自然会称赞他的古董如何好，然而他绝不痛骂画家，农夫，工匠等类，说得忘记了祖宗：他实在比许多国学家聪明得远。

　　其二是"崇拜创作"。从表面上看来，似乎这和要求天才的步调很相合，其实不然。那精神中，很含有排斥外来思想，异域情调的分子，所以也就是可以使中国和世界潮流隔绝的。许多人对于托尔斯泰，都介涅夫，陀思妥夫斯奇的名字，已经听厌了，然而他们的著作，有什么译到中国来？眼光因在一国里，听谈彼得和约翰就生厌，定须张三李四才行，于是创作家出来了，从实说，好的也离不了剽取点外国作品技术和神情，文笔或者漂亮，思想往往赶不上翻译品，甚者还要加上些传统思想，使他适合于中国人的老脾气，而读者却已为他所牢笼了，于是眼界便渐渐地狭小，几乎要缩进旧圈套里去。作者和读者互相为因果，排斥异流，抬上国粹，哪里会有天才产生？即使产生了，也是活不下去的。

这样的风气的民众是灰尘，不是泥土，在他这里长不出好花和乔木来！

还有一样是恶意的批评。大家的要求批评家的出现，也由来已久了，到目下就出了许多批评家。可惜他们之中很有不少是不平家，不像批评家，作品才到面前，便恨恨地磨墨，立刻写出很高明的结论道，"唉，幼稚得很。中国要天才！"到后来，连并非批评家也这样叫喊了，他是听来的。其实即使天才，在生下来的时候的第一声啼哭，也和平常的儿童的一样，决不会就是一首好诗。因为幼稚，当头加以戕贼，也可以萎死的。我亲见几个作者，都被他们骂得寒噤了。那些作者大约自然不是天才，然而我的希望是便是常人也留着。

恶意的批评家在嫩苗的地上驰马，那当然是十分快意的事；然而遭殃的是嫩苗——平常的苗和天才的苗。幼稚对于老成，有如孩子对于老人，决没有什么耻辱；作品也一样，起初幼稚，不算耻辱的。因为倘不遭了戕贼，他就会生长，成熟，老成；独有老衰和腐败，倒是无药可救的事！我以为幼稚的人，或者老大的人，如有幼稚的心，就说幼稚的话，只为自己要说而说，说出之后，至多到印出之后，自己的事就完了，对于无论打着什么旗子的批评，都可以置之不理的！

就是在座的诸君，料来也十之九愿有天才的产生罢，然而情形是这样，不但产生天才难，单有培养天才的泥土也难。我想，天才大半是天赋的；独有这培养天才的泥土，似乎大家都可以做。做土的功能，比要求天才还切近；否则，纵有成千成百的天才，也因为没有泥土，不能发达，要像一碟子绿豆芽。

做土要扩大了精神,就是收纳新潮,脱离旧套,能够容纳,了解那将来产生的天才;又要不怕做小事业,就是能创作的自然是创作,否则翻译、介绍、欣赏、读、看、消闲都可以。以文艺来消闲,说来似乎有些可笑,但究竟胜于戕贼也。

泥土和天才比,当然是不足齿数的,然而不是坚苦卓绝者,也怕不容易做;不过事在人为,比空等天赋的天才有把握。这一点,是泥土的伟大的地方,也是仅有大希望的地方。而且也有报酬,譬如好花从泥土里出来,看的固然欣然的赏鉴,泥土也可以赏鉴,正不必花卉自身,这才心旷神怡的——假如当泥土也有灵魂的话。

兽·人·鬼
(1946 年 1 月)

闻一多

刽子手们这次杰作我们不忍再描述了,其残酷的程度,我们无以名之,只好名之曰兽行,或超兽行。但既已认清了是兽行,似乎也就不必再用人类的道理和它费口舌了。甚至用人类的义愤和它生气,也是多余的。反正我们要记得,人兽是势不两立的,而我们也深信,最后胜利必属于人!

胜利的道路自然是曲折的,不过有时也实在曲折得可笑。下面的寓言正代表着目前一部分人所走的道路。

村子附近发现了虎,孩子们凭着一股锐气和虎搏斗了一场,结果遭牺牲了,于是成人们之间便发生了这样一串分歧的议论:

——立即发动全村人去打虎。

——在打虎的方法没有布置周密时,劝孩子们暂勿离村以免受害。

——已经劝阻过了,他们不听,死了活该。

——咱们自己赶紧别提打虎了,免得鼓励了孩子们去冒险。

——虎在深山中,你不惹它,它怎样会惹你?

——是呀!虎本无罪,祸是喊打虎的人闯的。

——虎是越打越凶的,谁愿意打谁打好了,反正我是不去的。

议论发展下去是没完的,而且有的离奇到不可想象。当然这里只限于人——善良的人的议论。至于那(为虎作伥的)鬼的想法,就不必去揣测了。但愿世上真没有鬼,然而我真担心,人既是这样的善良,万一有鬼,是多么容易受愚弄啊!

最后一次讲演

闻一多

这几天,大家晓得,在昆明出现了历史上最卑劣最无耻的事情!李先生究竟犯了什么罪,竟遭此毒手?他只不过用笔写写文章,用嘴说说话,而他所写的,所说的,都无非是一个没有失掉良心的中国人的话！大家都有一枝笔，有一张嘴，有什么理由拿出来讲啊！有事实拿出来说啊！（闻先生声音激动了）为什么要打要杀，而且又不敢光明正大的来打来杀，而偷偷摸摸地来暗杀！（鼓掌）这成什么话？（鼓掌）

今天，这里有没有特务？你站出来，是好汉的站出来！你出来讲！凭什么要杀死李先生？（厉声，热烈的鼓掌）杀死了人，又不敢承认，还要诬蔑人，说什么"桃色事件"，说什么共产党杀共产党，无耻啊！无耻啊！（热烈的鼓掌）这是某集团的无耻，恰是李先生的光荣！李先生在昆明被暗杀，是李先生留给昆明的光荣！也是昆明的人光荣！（鼓掌）

去年"一二·一"昆明青年学生为了反对内战，遭受屠杀，那算是青年的一代献出了他们最宝贵的生命！现在李先生为了争取民主和平而遭受了反动的暗杀，我们骄傲一点说，这算是像我这样大年纪的一代，我们的老战友，献出了最宝贵的生命！这两桩事发生在昆明，这算是昆明无限的光荣！（热烈的鼓掌）

反动派暗杀李先生的消息传出以后，大家听了都悲愤痛恨。我心里想，这些无耻的东西，不知他们是怎么想法，他们的心理是什么状态，他们的心怎样长的！（捶击桌子）其实很简单，他们这样疯狂地制造恐怖，正是他们自己在慌啊！在害怕啊！所以他们制造恐怖，其实是他们自己在恐怖啊！特务们，你们想想，你们还有几天？你们完了，快完了！你们以为打伤几个，杀死几个，就可以了事，就可以把人民吓倒了吗？其实广大的人民是打不尽的，杀不完的！要是这样可以的话，世界上早没有人了。

你们杀死一个李公朴，会有千百万个李公朴站起来！你们将失去千百万的人民！你们看着我们人少，没有力量？告诉你们，我们的力量大得很，强得很！看今天来的这些人都是我们的人，都是我们的力量！此外还有广大的市民！我们有这个信心：人民的力量是要胜利的，真理是永远存在的。历史上没有一个反人民的势力不被人民毁灭的！希特勒，墨索里尼，不都在人民之前倒下去了吗？翻开历史看看，你们还站得住几天！你们完了，快了！快完了！我们的光明就要出现了。我们看，光明就在我们眼前，而现在正是黎明之前那个最黑暗的时候。我们有力量打破这个黑暗，争到光明！我们的光明，就是反动派的末日！（热烈的鼓掌）

李先生的血不会白流的！李先生赔上了这条性命，我们要换来一个代价。"一二·一"四烈士倒下了，青年的战士们的血换来了政治协商会议的召开；现在李先生倒下了，他的血要换取政协会的重开！（热烈的鼓掌）我们有这个信心！（鼓掌）

"一二·一"是昆明的光荣，是云南人民的光荣。云南有光荣的历史，远的如护国，这不用说了，近的如"一二·一"，都是属于云南人民的。我们要发扬云南光荣的历史！（听众表示接受）

反动派挑拨离间，卑鄙无耻，你们看见联大走了，学生放暑假了，便以为我们没有力量了吗？特务们，你们看见今天到会的一千多青年，又握起手来了，我们昆明的青年决不会让你们这样蛮横下去的！

反动派，你看见一个倒下去，可也看得千百个继起的！

正义是杀不完的，因为真理永远存在！（鼓掌）

历史赋予昆明的任务是争取民主和平，我们昆明的青年必须完成任务！

我们不怕死，我们有牺牲的精神！我们随时像李先生一样，前脚跨出大门，后脚就不准备再跨进大门！（长时间热烈的鼓掌）

在美国出席圣诞节的即兴演讲

（1944 年 12 月）

丘吉尔

各位为自由而奋斗的劳动者和将士：

我的朋友，伟大而卓越的罗斯福总统，刚才已经发表过圣诞前夕的演说，已经向全美国的家庭致友爱的献词，我现在能追随骥尾讲几句话，内心感觉无限的荣幸。

我今天虽然远离家庭和祖国，在这里过节，但我一点也没异乡的感觉。我不知道，这是由于本人母系血统和你们相同，抑或是由于本人多年来在此地所得的友谊，抑或是由于这两个文字相同、信仰相同、理想相同的国家，在共同奋斗中所产生出来的同志感觉，抑或是由于上述三种关系的综合。总之我在美国的政治中心地——华盛顿过节，完全不感到自己是一个异乡之客。我和各位之间，本来就有手足之情，再加上各位欢迎的盛意，我觉得很应该和各位共坐炉边，共享这圣诞之乐。

但今年的圣诞前夕，却是一个奇异的圣诞前夕，因为整个世界都卷入一种生死的搏斗中,正在使用科学所能设计的恐怖武器来互相屠杀。假若我们不是深信自己对于别国领土和财富没有贪图的恶念,没有攫取物资的野心,没有卑鄙的念头,那么我们在今年的圣诞节中,一定很难过。

战争的狂潮虽然在各地奔腾,使我们心惊胆跳,但在今天,每一个家庭都在宁静的肃穆的空气里过节。今天晚上,我们可以暂时把恐惧和忧虑的心情抛开、忘记,而为那些可爱的孩子们布置一个快乐的晚会。全世界说英语的家庭,今晚都应该变成光明的和平的小天地,使孩子们尽量享受这个良宵,使他们因为得到父母的礼物而高兴,同时使我们自己也能享受这种无牵无挂的乐趣,然后我们担起明年艰苦的任务,以各种的代价,使我们孩子所应继承的产业,不致被人剥夺;使他们在文明世界中所应有的自由生活,不致被人破坏。因此,在上帝庇佑之下,我谨祝各位圣诞快乐。

微软公司董事长在哈佛的演讲

比尔·盖茨

校长博克,前任校长鲁登斯坦,接任校长福斯特,校董事会的各位董事,校务监督委员会的各位委员,各位老师,各位家长,特别是,诸位毕业生:

我一直等了三十多年,现在终于可以说了:"爸,我老跟你说,我会回来拿到我的学位的!"

感谢哈佛及时地给我这个荣誉。明年,我就要换工作(译者注:从微软公司退休)……我终于可以在简历上写我有一个大学学历,这真是不错啊。

我为在座的各位毕业生而鼓掌,你们拿到学位可比我轻松多了。而我,之所以高兴,是因为哈佛的校报称我是"哈佛大学历史上最成功的辍学生"。我想这大概使我有资格代表我这一类特殊的学生在此致辞——在所有的失败者中,我做得最好。

同时,我也想让大家知道,我就是那个让史蒂夫·鲍尔默(译者注:微软总经理)也从哈佛商学院退学的家伙;我影响恶劣。这就是我被邀请来在你们的毕业典礼上做演讲的原因。要是我在你们的入学欢迎仪式上演讲,那今天在此的毕业生可能就更少了。

对我来说,哈佛的求学是一段非凡的经历。哈佛的课堂生活令人神往,我以前常常去旁听一些课程,甚至连名都不报。哈佛的课外生活也异彩纷呈,我在拉德克里夫学院的卡瑞尔宿舍楼过着逍遥自在的日子。每天我的寝室里总有一帮人待到半夜,讨论着各种事情,因为他们都知道我从不担心第二天要早起。这就让我慢慢变成了"反社会头目",我们紧密地团结在一起,并以此来证明,我们抵制一切"世俗的人们"。

拉德克里夫是个适合生活的好地方。那里的女生比男生多,而且大多数男生都是理工科的;这给我创造了最好的机会,如果你们明白我意思的话。可惜的是,我正是在这里学到了人生中悲伤的一课:机会多,并不等于你就会成功。

我在哈佛最难忘的一件事情发生在 1975 年 1 月,当时,我从卡瑞尔宿舍楼里给位于阿尔伯克基的一家公司打了个电话，那家公司已经在着手制造世界上第一台个人电脑。我提出想向他们出售软件。

我很担心，他们会发觉我是一个住校的学生，从而挂断电话。但是他们却说："我们还没准备好，一个月后再看看吧。"这是个好消息，因为那时软件还根本没有写出来呢。就是从那个时候起，我夜以继日地工作，把时间花在这个小小的课外项目上，这标志着了我大学生活的结束，也标志着我与微软的非凡旅程的开始。

我记忆中的哈佛，风华正茂，人才辈出。哈佛的生活使人兴奋，让人胆怯，有时甚至会感到泄气，但永远充满了挑战。生活在哈佛是一种莫大的荣幸——虽然我离开得比较早，但是多年在这里生活的经历、在这里结识的朋友、在这里形成的观念，塑造了一个全新的我。

但是，仔细地回想过往，我确实有一大遗憾。

我离开哈佛的时候，根本没有意识到这个世界是多么的不平等——人类在健康、财富和机遇上的鸿沟大得惊人，这一切使无数人陷入了绝望。

就是在哈佛，我吸收到了很多关于政治和经济的新思想。我也接触到了很多科学上的新进展。

但是，人类最大的进步并不在于这些伟大的发现本身，而是在于我们如何应用这些发现去消除社会的不平等现象。无论是建立民主的政治制度，还是健全公共的教育体制，无论是提供良好的医疗保健，还是创造广泛的就业机会——消除社会不公始终是人类最大的成就。

我离开校园的时候,根本不知道在这个国家里,有数百万的年轻人无法获得教育的机会;根本不知道在一些发展中国家,有数百万的人民生活在无以言表的赤贫和疾病之中。

几十年了,我才明白。

诸位毕业生,你们来到哈佛的时代与我迥异。较之以前,你们更了解世界的不平等现象。在你们的哈佛求学历程中,我希望你们已经思考过一个问题,那就是:在这个技术加速发展的时代,我们终将如何去应对这种不平等,我们终将如何去解决这种不平等。

如果我们能够建立一种更具有创新的资本制度,我们就可以让市场更好地为穷人服务——如果我们可以拓展市场的领域,更多的人就能够获得利润,或者说至少可以维持生活;那么,就可以帮助那些正受到极不平等待遇的人们。我们还可以向世界各国的政府施压,要求他们将纳税人的钱,花到更符合纳税人价值观的地方。

如果我们能够找到一种能够满足贫苦人民需求的方法,它既可以为商人带来利润,又能够为政治家拉来选票,那么我们可能就找到了一条可持续发展之路,从而消除世界上的不平等现象。这项任务无穷无尽,没有终点;但是有意认识这个挑战,努力迎接这个挑战,勇敢应对这个挑战,都将会改变这个世界。

我一直乐观地认为,我们能这样做。但是,我也遇到过一些声称陷入绝望的怀疑主义者。他们说:"不平等现象是我们生而有之、老也将存的问题——因为人们对这个问题漠不关心。"对此,我不以为然。

我认为,不是我们漠不关心,而是我们束手无策。

此刻身处校园的我们,生命中总有这样或那样的时刻,目睹人类的悲剧,痛彻心扉,但是我们什么也没做——并非我们无动于衷,而是因为我们不知道做什么和怎么做。如果我们知道要如何应对,我们将立即行动。

需要我们去消除的屏障,并非人类的冷漠无情,而是世界的纷繁复杂。

要把关心转为行动,我们需要发现问题,找到方法,评估后果。但是纷繁复杂的世界阻挡了我们的脚步,以上的三个步骤不能得以实施。

即使有了互联网的出现和全天候的新闻播报,要让人们发现问题的真实面貌,仍然是相当艰巨。如果有一架飞机坠毁,政府官员就会立刻召开新闻发布会,他们承诺进行调查,找到原因,防止将来再次发生类似的事故。

但是如果那些官员敢于说真话,他们就会说:"在今天,全世界死于可避免事故中的所有人,只有0.5%的人在这次飞机事故中罹难。我们决心尽一切努力,彻底调查这0.5%的死亡原因。"

显然,更重要的问题不是这次空难,而是其他几百万可避免的死亡事件。

对这些死亡事件,我们知之甚少。媒体总是报告新闻,但是几百万人将要死去并非新闻。新闻是在事件的幕后,这很容易被忽视。即使我们确实目睹了事件的真相或者看到了相关报道,我们也很难持续去关注这些事件。问题是如此之复杂,我们也束手无策,要直面这样的灾难就显得相当困难,所以我们就对此视而不见,置若罔闻。

就算我们真正能发现问题，也不过是迈出了第一步，接着还有第二步：那就是，从这个复杂的世界中走出一条捷径，找到解决问题的办法。

几年前，我去瑞士达沃斯旁听一个全球健康问题会议，会议的内容是讨论如何挽救几百万条生命。天哪，是几百万！想想吧，拯救一个人的生命已经让人何等激动，现在要把这种激动放大几百万倍……但是，不幸的是，这是我参加过的最最乏味的会议，乏味到我不想再听下去。

那次经历之所以让我难忘，是因为之前我们刚刚发布了一个软件的第 13 个版本，当时有些人激动得又蹦又叫。我喜欢人们因为软件而激动，那么我们为什么不能够让人们因为能够拯救生命而感到更加激动呢？

除非你能够让人们看到并且感受到行动的影响力，否则你无法让他们激动。如何做到这一点，并非易事。

对此，我依然乐观。没错，不平等现象一直存在，但是有一些新技术，能够带领我们走出世界的纷扰。这些新技术才刚刚出现，它可以帮助我们，将人类的关爱发挥到极致，这就是未来之所以有别于过去的原因所在。

六十年前，乔治·马歇尔也是在这个地方的毕业典礼上，宣布了一项计划，帮助欧洲国家的战后建设。他说："我认为，困难在于这个问题太复杂，报纸和电台源源不断地向公众提供各种事实，使得大街上的百姓难于清晰地判断形势。事实上，经过层层传播，想要真正地把握形势，是根本不可能的。"

马歇尔发表这个演讲之后的三十年，我那一届学生毕业，当然我不在其中。那时，新技术刚刚开始萌芽，它们将使得这个世界变得更小、更开放、更透明、距离更近。

低成本个人电脑的出现,使得强大的互联网有机会诞生,它为学习和交流提供了全新的机会。

网络的神奇之处,不仅仅在于它跨越了距离,使得天涯犹若比邻。它还汇聚了英才,为共同理想而一起奋斗——这就能促进革新,以惊人的速度发展。

与此同时,世界上有条件上网的人,只是全部人口的六分之一。这意味着,还有许多具有创造性的人才不能参与讨论——那些具有实践经验和相关经历的杰出人才,却没有办法磨砺他们的才智,发挥他们的思想。

我们需要尽力让更多的人有机会掌握这一新技术,因为这些进步会引发一场革命,人类将因此可以互相帮助。新技术不仅仅能够让政府,还能够让大学、公司、小机构、甚至个人发现问题、找到解决办法、评估他们努力的结果,从而去解决那些马歇尔早在六十年前就谈到过的所有问题——饥饿、贫穷和绝望。

在座的所有哈佛人,你们都是全世界的精英,今天汇集在此。

我们为什么而来?

毫无疑问,哈佛的师生、哈佛的校友和哈佛的资助者已经尽力改善了在座各位的生活,也改善了世界各地人们的生活。但是,我们还能够再做什么呢?哈佛人能够将他们的才智奉献出来吗?哈佛人能够改善那些甚至没有闻"哈佛"之名的人们的生活吗?

各位院长,各位教授,你们是哈佛知识分子的领袖,请允许我提出一个请求——当你们雇用新任教师、授予终身教职、评估

全部课程、决定学位颁发标准的时候,请问你们自己如下的问题:

我们最优秀的人才是否在致力于解决最困难的问题?

哈佛是否鼓励其教师去解决世界上最严重的不平等问题? 哈佛的学生是否了解全球性的贫困? 是否了解世界性的饥荒? 是否了解水资源的缺乏? 是否了解辍学的女童? 是否了解那些死于非恶性疾病的儿童?

那些养尊处优的人们,你们是否了解那些含辛茹苦的人民?

我并不是在设问,请用你行动的方针来做答。

在我被哈佛大学录取的那一天,我母亲倍感自豪,但她一直敦促我,要为他人谋取更多的福祉。在我结婚典礼的前几天,她特意主持了一个仪式。在这个仪式上,她高声朗读了一封信,是写给梅林达的,关于婚姻方面的问题。那时,我母亲已经因癌症而病入膏肓,但她还是抓住了一线机会,传播她的信念。在信的结尾,她写道:"天赋于斯,大任在肩,得到越多,期望更大。"

在座各位,请想一想吧,你们得到了什么——天才、特权、机遇——既如此,全世界的人都在期望,期望我们做出无穷无尽的贡献。

同这个时代的期望一样,我也要勉励各位毕业生去解决一个问题,一个复杂的问题,那就是去解决这种明显的社会不平等问题,然后把自己变成这方面的专家。如果你们能够以此作为你职业的目标,你将脱颖而出。但是,你不可以仅仅为扩大影响而为。你可以一周花几个小时,从日益壮大的互联网上获得信息,找到志同道合的朋友,发现困难之所在,找到解决困难的捷径。

不要让这个复杂的世界阻碍了你前进的脚步。做一个行动主义者,将解决人类的不平等视为己任,它将成就你生命历程中的最辉煌。

诸位毕业生,你们所处的时代是一个神奇的时代。当你们离开哈佛的时候,你们拥有了我们那时未曾拥有的技术,你们认识到了我们那时未曾认识的社会不平等现象。既然认识到了这个问题,如果你弃之不管,你可能就会受到良心的谴责,因为一点小小的努力,你就可以改变那些人的生活。既然你们比我们拥有更大的能力,你们就应该争朝夕,谋长远,持之以恒地做下去。

既知之,怎能无动于衷?

我希望,30年后,你们再到哈佛,回想你们用青春和才智换来的一切。我希望各位,在那个时候,你们不仅仅用自己专业成就来衡量自己;还要用你们如何为消除社会的不平等的努力来衡量自己;还要用你们如何善待那些远隔千山万水的世人来衡量自己;他们与你们,或许无一点相似,但他们都是人类。

参考文献

1. ［美］博恩·崔西著,黄丽茹译:《博恩·崔西:口才圣经》,企业管理出版社 2011 年版。

2. 巴尔塔萨·格拉西安、李艳芳:《处世的艺术》,天津社会科学院出版社 2009 年版。

3. ［美］巴拉克·奥巴马、莫里恩·哈里森、斯蒂夫·吉尔伯特编,陈嘉宁译:《一句话改变世界:奥巴马的演讲艺术》,安徽人民出版社 2012 年版。

4. 秉礼、顾平:《幽默故事大全》,未来出版社 2007 年版。

5. 陈浩:《幽默沟通学:零距离制胜的口才秘籍》,中国华侨出版社 2013 年版。

6. 陈晓明、艾克拜尔·米吉提:《名作家在北大的演讲》,北京大学出版社 2012 年版。

7. 蔡礼旭:《蔡礼旭大学演讲录》,世界知识出版社 2011 年版。

8. 邓的荣:《讲刊》,《讲刊》编辑部 2013 年版。

9. 朝林:《社交口才·立足社会的能力与资本》,甘肃文化出版社 2004 年版。

10. ［美］戴尔·卡耐基著,马剑涛、肖文建译:《卡耐基口才的艺术与人际关系全集》,中国华侨出版社 2010 年版。

11. [美]戴尔·卡耐基:《卡耐基的魅力口才与处世智慧》,安徽教育出版社 2013 年版。

12. 丁畅:《口才演讲全集》,吉林大学出版社 2011 年版。

13. 丁振宇:《瞬间掌握幽默口才》,北京工业大学出版社 2011 年版。

14. [美]多萝西·利兹著,曾献译:《口才》,民主与建设出版社 2004 年版。

15. 葛维实著,惠晨光绘:《最受欢迎的幽默口才》,中国城市出版社 2010 年版。

16. 何雅琳:《卡耐基智慧全书:为人处世与口才艺术的权威指南》,地震出版社 2006 年版。

17. 扈明星:《一生要学会的 100 种社交与口才》,时事出版社 2006 年版。

18. 杰夫:《实用辩论口才一本通》,中国纺织出版社 2012 年版。

19. 江彩、刘娟萍、程逊:《演讲与口才》,人民邮电出版社 2013 年版。

20. [美]罗伯特·斯坦恩著,东方笑译:《幽默口才:修炼强大的魅力气场》,安徽人民出版社 2012 年版。

21. 赖淑惠:《幽默口才成功学》,新华出版社 2010 年版。

22. 罗盘:《幽默与口才》,立信会计出版社 2012 年版。

23. 骆非翔、麻石、吴蕾:《幽默力:跟名人学幽默口才》,中国纺织出版社 2012 年版。

24. 刘艳:《待人处事的口才艺术》,金盾出版社 2009 年版。

25. 刘同:《这么说你就被灭了》,上海文化出版社 2011 年版。

26. 刘烨:《疯狂口才》,新华出版社 2002 年版。

27. 刘青文:《演讲、辩论与口才》,北京教育出版社 2013 年版。

28. 刘有生:《让阳光自然播洒:刘有生演讲录》,世界知识出版社 2011 年版。

29. 林语堂:《怎样说话与演讲》,文化艺术出版社 2004 年版。

30. 林伟贤:《魅力口才》,安徽教育出版社 2012 年版。

31. [英]伦兹著,孔雁译:《说话的力量》,北京师范大学出版社 2007 年版。

32. [法]米歇尔·福柯著,莫伟民、赵伟译:《生命政治的诞生》,上海人民出版社 2011 年版。

33. [法]米歇尔·福柯著,佘碧平译:《主体解释学》,上海人民出版社 2010 年版。

34. 美国《读者文摘》编,裘果芬等译:《说话演讲的艺术》,上海翻译出版公司 1989 年版。

35. 穆楠枫编译:《最有影响力的斯坦福演讲》,哈尔滨出版社 2011 年版。

36.《实用文库》编委会编:《实用辩论技法大全》,电子工业出版社 2007 年版。

37. 宋泽军:《好口才:社交口才》,中国城市出版社 2013 年版。

38. 单霁翔:《文化遗产·思行文丛:演讲卷(三)》,天津大学出版社 2012 年版。

39. ［美］唐·加博尔著，何云译：《5 分钟和陌生人成为朋友》，中华工商联合出版社 2012 年版。

40. ［美］托尼·杰瑞著，张怡译：《口才决定人生》，复旦大学出版社 2006 年版。

41. 谭慧：《中国式饭局口才术》，安徽人民出版社 2012 年版。

42. 王瑞泽：《美国大选电视辩论集》，译林出版社 2012 年版。

43. 王玉秀：《辩论》，辽海出版社 2011 年版。

44. 王阳：《哈佛口才课》，新世界出版社 2012 年版。

45. 杨凡用：《好口才是练出来的》，中国城市出版社 2006 年版。

46. 殷亚敏：《21 天掌握当众讲话技巧》，机械工业出版社 2010 年版。

47. ［美］约翰·哈斯林著，马昕译：《演讲力》，世界图书出版公司 2010 年版。

48. ［美］约翰逊：《赢在辩论》，外语教学与研究出版社 2010 年版。

49. 余世伟：《学会和领导说话》，新世界出版社 2009 年版。

50. 余潇枫：《中外经典辩论选读》，浙江文艺出版社 2012 年版。

51. 姚娟：《口才与人际关系学》，海南出版社 2009 年版。

52. 雅瑟：《口才三绝：演讲、辩论、会说话》，新世界出版社 2013 年版。

53. 袁方:《跟我学:辩论口才》,中国经济出版社 2006年版。

54. 艳子:《二十几岁要懂的幽默口才》,机械工业出版社 2012 年版。

55. 周璇璇:《实用社交口才》,北京大学出版社 2008 年版。

56. 周正舒、吕银凤:《言辨之法(图文版)》,蓝天出版社 2011 年版。

57. 曾强:《演讲口才的技巧》,大众文艺出版社 2009 年版。